마르크스의 자본론

EBS 오늘 읽는 클래식

마르크스의 자본론
자본은 인간을 해방할 수 있는가

한국철학사상연구회 기획 | 이재유 지음

서문

　오늘날 현실 사회주의가 거의 지구상에서 사라진 공룡처럼 취급받고 있는데, 그 사회주의의 근간이라는 카를 마르크스의 『자본론』을 읽는 것이 무슨 소용일까? 마르크스를 본받아 살 것도 아니고, 그렇다고 마르크스의 이론으로 많은 돈을 벌 수 있는 것도 아니다. 그럼에도 아무짝에도 쓸모없어 보이는 마르크스가 우리 주위를 유령처럼 떠돌고 있다. 유령인 마르크스는 우리에게 어떤 의미일까? 왜 우리는 마르크스 이론의 정수인 『자본론』을 읽겠다는 것일까?

　오늘날 자본주의 체제는 지금까지 경제적으로, 정치적으로 큰 환란을 겪어왔다. 이 환란 속에서 우리는 과연 어떻게 살아왔을까? 그리고 앞으로 어떻게 살아가야 할까? 지금까지 살아

온 대로 그저 하루하루 정신없이 살아가야 할까? 지금대로라면, 아마 이 환란을 벗어날 수 없을 것이다. 이 환란을 벗어나 우리가 꿈꾸어왔던 '인간다운' 삶을 살기 위해서는 현재 자기 자신의 삶을 조용히 돌아볼 필요가 있다. 이렇게 조용히 돌아보는 것을 데카르트는 '의심', '회의(懷疑)'라고 했으며, 마르크스는 이를 '계급투쟁', '과학의 출발점'이라고 했다.

'비인간적'이라고 생각되는 자기 자신의 현재 삶을 의심하고 이 삶에서 벗어나 자유롭고 '인간다운' 삶을 살아가려면, 인간다운 삶을 위한 '의지'와 이 의지를 현실화하려는 '실천'이 필요하다. 그리고 이러한 의지와 실천을 통해 '낡은' 자기로부터 '새로운' 자기를 생산해낼 수 있으며, 이를 '혁명'이라 한다. 마르크스는 낡은 자기로부터 새로운 자기를 생산할 수 있는 힘을 '생산력'이라고 했다. 약육강식과 만인 대 만인의 투쟁의 원칙이 지배하는 현재 세계 속에서 내가 느끼는 나의 모습은 늘 힘겹고 고통스러우며, 이 고통을 어쩌지 못하는 자신의 무기력함에 또다시 좌절할 수밖에 없는 무능력한 일개 개인(개별적인 개인)일 뿐이다. 사르트르가 말했듯이 나 아닌 모든 '타인은 지옥'일 따름이다.

그러나 앞으로 자기가 만들고 생산해야 할 '새로운 자기'는 끊임없이 싸워야 하는 지옥 같은 타인과의 관계에 있는 '나'가 아니다. 이 지옥 같은 관계에서 벗어나 그 누구와도 '자유롭게 연대함'으로써 타인을 지옥이 아니라 새로운 자신을 만들어갈 수 있는 자신의 무한한 '힘'으로 느끼고 의식할 수 있는 '나'이다. '새로운 자신'을 생산할 수 있는 출발지는 현재 자기 자신에 대한 의심(과학적 분석)이다. 마르크스의 『자본론』은 그 출발지에 대한 상세한 여행 안내서이다. 이 안내서를 가지고 새로운 자기로 향하는 여행을 떠나보자. 우리는 모두 열심히 일했다. 그러니 열심히 일한 당신! 떠나라! 새로운 자기 자신에게로! 설레고 자부심 가득한 여행이 될 것이다. 함께 가자, 우리 이 길을……

2022년 6월

이재유

차례

3장 철학의 이정표

일러두기

이 책에서 인용한 카를 마르크스의 『자본론』 국내 번역본은 다음과 같다.
카를 마르크스, 『자본론 I』(상·하권), 『자본론 II』, 『자본론 III』(상·하권), 김수행 옮김,
비봉출판사, 2015.

1장

실천적 유물론자 카를 마르크스

나의 철학적 세계관은 무엇일까

자기의식(또는 자의식)은 근대 서양철학의 가장 중요한 근본적인 개념이다. 자기의식으로부터 주체, 자유, 자유의지 개념들이 나온다. 자기의식은 자기 자신이 관계 맺고 있는 내용, 즉 자연과의 관계, 인간과의 관계(사회적 관계) 등과 관련된 내용들을 '왜', '어떻게'라는 비판적이고 근원적인 통찰을 통해 들여다봄으로써 자기를 의식함을 뜻한다. 자기의식은 자기를 새롭게 창조하고자(생산하고자) 하는 실천 활동(praxis)의 출발점이라 할 수 있는데, 경험적인 현실 관계 자체 내에서가 아니라 이 관계 자체 밖에서 이루어지는 것이다. 이러한 자기의식은 마르크스의 '계급의식', '자유롭게 연대하는 개인'과 긴밀하게 연결된다.

그런데 자기의식이 이루어지기 위해서는 모든 사건이나 현상들이 일어나고 있는 세계에 대한 앎이 필요하다. 즉 세계가 무엇인지에 대한 '인식'이 필요하다는 것이다. 세계는 나를 비추는 거울과 같다. 그러면 세계는 무엇인가? 이제 세계의 정체에 대한 스무고개를 시작해보자.

모든 사건이나 현상이 일어나는 근원으로서의 세계는 어떤 형태를 취하고 있을까? 그런데 그 세계라는 것이 과연 존재하는 것일까, 아니면 존재하지 않는 것일까? 만일 세계가 존재하지 않는다면, 나(우리) 또한 존재하지 않는다. 왜냐하면 나(우리)는 '세계 안의 존재'로서 세계와 관계 맺고 있기 때문에, 세계가 사라지면 나 역시 사라지기 때문이다. 그러므로 내가 존재하려면, 세계가 존재해야 한다. 그래야 자기의식이 존재할 수 있다.

이제 '존재하는' 세계는 어떤 형태로 존재하는가? 우리가 감각적으로 경험할 수 있는 물질적인 형태로 존재할까, 아니면 비물질적인, 즉 정신적인 형태로 존재할까? 이에 따라서 '인간'으로서의 나에 대한 의식의 내용이 규정된다. 나는 인간으로서의 나를 물질적(신체적) 측면에서 규정할 것인가, 아니면 정신적인(마음의, 심리적인) 측면에서 규정할 것인가에 따라 내가 소중하다고 여기는 가치의 내용이 달라진다. 나는 신체적인 아름다움을 정신적인 아름다움보다 더 소중하게 여길까, 아니면 반대일까? 우리가 가장 소중하게 여기는 가치인 '사랑'에서 육체의 사랑이 더 중요할까, 정신의 사랑이 더 중요할까? 결론적으로 말해, 세계가 물질적인 형태를 취하는지 또는 정신적인 형태를 취하는지에 대한 물음에 따라 어느 것이 더 중요하고 우선하는가 하는 문제에 직면한다. 이렇듯 세계에 대한 본질적인 물음을 '철학적 세계관'이라고 한다.

전자의 철학적 세계관을 '유물론'이라 하고, 후자를 '관념론'이라고 한다. 보통 유물론은 물질적인 것을 중하게 여기면서 정신적인 것은 비현실적으로 보는 '속물적'인 세계관이며, 동시에 공산주의 세계관으로 받아들여지기도 한다. 반대로 관념론은 인간의 정신 활동을 더 중하게 여기면서 물질적인 것을 천하게 보는 세계관이며, 동시에 공산주의 세계관에 대립되는 것으로 받아들여진다.

자본주의 사회의 일반적인 세계관은 무엇일까? 그리고 자본주의에 살고 있는 나(우리)의 세계관은 무엇일까? 자본주의 사회는 자본(돈)을 가장 가치 있게 여기는 사회인데, 그러면 자본은 물질적인 것일까 아니면 정신적인 것일까? 또한 자본주의 사회에서 살지 않으면 안 되는 나(우리)는 유물론의 세계관

카를 마르크스와 『자본론』 초판본(1867).

을 가지고 있는가, 아니면 관념론의 세계관을 가지고 있는가? 『자본론』에서 마르크스는 자본을 물질적인 것으로 보는가, 아니면 정신적인 것으로 보는가? 그리고 마르크스가 보기에 우리가 앞으로 지향할 사회는 물질적인 것을 중요시 하는 사회여야 할까, 아니면 정신적인 것을 중요시 하는 사회여야 할까?

　　마르크스의 『자본론』은 자본주의 세계를 과학적으로 분석해 자본의 물신적(物神的) 특성을 드러낸 고전으로 유명하다. 그

자본의 물신적 특성

자본의 물신적 특성(fetishism, 物神性)은 자본주의 사회에서 자본이 신의 역할을 하고 있음을 뜻한다. 즉 자본의 이익이 모든 판단과 행위의 기준이 된다. '돈이 다다', '황금만능주의', '배금주의' 등이 자본의 물신성을 나타내는 말이다. 자본의 물신성은 『자본론』 제1권 제1편 1장에 나온다. 자본의 물신성은 먼저 상품의 물신성, 화폐의 물신성을 통해 나타난다. 상품의 물신성은 시장에서 상품들 간의 교환관계에서 나타난다. 상품들 간의 교환은 각 상품들의 가치를 통해 이루어진다. 상품에 내재한 가치는 '추상적인 노동 일반'인데, 이 노동가치는 이후에 화폐, 자본으로 전개된다. 상품들 간의 교환이 이루어지지 않으면, 각 상품 소유자 사이의 관계가 이루어질 수 없다. 소유자(인간) 사이의 관계가 이루어지지 않으면 사회적으로 인간관계를 맺을 수 없고, 따라서 존재할 수 없다. 존재하기 위해서, 인간관계를 맺기 위해서는 자신이 만든 상품이 가치를 가져야 한다. 그리하여 인간관계(사회적 관계)는 인간 자신이 만든 상품들 사이의 관계로 나타날 수밖에 없다는 점에서, 노동 소외 개념과 연결된다. 자본의 물신적 특성은 역사적으로 특수한 자본주의 사회의 특성일 뿐 초역사적이고 자연적인, 즉 어쩔 수 없이 받아들여야만 하는 특성이 아니다.

리고 자본이라는 세계의 물신적 특성을 보여줄 수 있었던 이면에는 마르크스의 '유물론'적 세계관이 자리잡고 있다. 마르크스에게 '자본'은 한편으로는 물질적인 것[物]을 나타내기도 하지만, 다른 한편으로는 정신적인 것[神]을 나타낸다. 다시 말해, 자본은 물질적인 것과 정신적인 것이 동전의 양면을 이루듯이 결합돼 있다. 그런데 이 둘은 자본 안에서 서로 대립·모순적인 관계에 있으면서도 동시에 종합·통일의 관계, 즉 변증법의 관계에 있다. 이런 이유로, 마르크스 사후의 마르크스주

러시아의 사회주의 혁명가 블라디미르 레닌.

의자들은 그의 유물론을 '변증법적 유물론'이라고도 불렀다(다른 한편으로 '역사적 유물론'이라고도 한다).

　레닌(Vladimir Lenin, 1870~1924)은 마르크스의 『자본론』을 제대로 이해하기 위해서는 헤겔(Georg Wilhelm Friedrich Hegel, 1770~1831)의 변증법에 대한 이해가 필수적이라고 말했다. 그러나 마르크스는 자신의 유물론을 변증법적 유물론이라고 규정한 적이 없었다. 또한 마르크스는 말년에 자신은 결코 마르크스주의자가 아니라고 말했다.

　그런데 여기서 우리는 의구심을 가지게 된다. 마르크스는

변증법적 유물론

변증법적 유물론은 마르크스주의 유물론 철학의 근본으로서 말 그대로 변증법과 유물론이 결합된 것이다. 그런데 변증법은 관념론의 산물로서 유물론과 대립·모순적 관계에 있다. 이 대립·모순적 관계는 철학의 근본 문제인 정신(의식)-물질(존재) 관계의 문제와 연결된다. 헤겔에게서 변증법은 정신(이성)이 변화하는 물질의 여러 운동 현상들의 연관 관계들을 총체적으로 파악한다는 것이다. 그리하여 물질이 정신으로 환원되는 결과가 나타난다. 변증법적 유물론은 이러한 헤겔 변증법을 뒤집은 것이라 할 수 있다. 즉 유한한 인간 이성이 발견한 물질 현상들의 유한한 법칙은 무한한 물질(자연) 세계의 법칙이 유한한 인간 이성에게 드러나는 것으로부터 비롯된다는 것이다. 이렇게 정신에 대한 물질의 우선성을 확보하게 된다. 그런데 이 물질의 우선성 때문에 일각에서는 변증법적 유물론은 헤겔의 절대 정신을 단순히 물질 세계의 법칙으로 대체한 것이라 보고, 따라서 헤겔의 아류 철학이라고 비판한다.

'유물론자'고 헤겔은 '관념론자'다. 그런데 어떻게 서로 대립·모순의 관계에 있는 유물론과 관념론이 서로 결합할 수 있는 것일까? 과연 그것이 가능할까? 그리고 이러한 의구심을 해소할 단서를 마르크스의 『자본론』에서 찾을 수 있을까?

일반적으로 마르크스 유물론 사상에 영향을 준 것으로 세 가지를 들고 있다. 프랑스 사회주의(생시몽과 푸리에 등의 사회주의), 영국의 정치경제학(애덤 스미스 등의 고전경제학), 헤겔 변증법을 비롯한 독일 관념론이 그것이다. 그런데 크게 보면 두 가지이다. 왜냐하면 프랑스 사회주의와 영국의 정치경제학(고전 경제학)의 철학적 세계관은 근대 경험론에 근거한 유물론이기 때

프랑스 사회주의

마르크스의 사회주의 사상에 영향을 주었던 프랑스 사회주의는 유토피아적이었다. 프랑스 사회주의는 19세기 초부터 나타났는데, 이 유토피아적 사회주의의 특징은 소(小)생산자의 자유·평등 실현이 중심이었다. 이들의 사상은 18세기의 계몽주의 및 합리주의에서 도출된 사회 개혁 사상으로, 비현실적·공상적인 것이었다. 말뜻으로 볼 때, 'socialism(사회주의)'은 라틴어 'socialis(공동의)'에서 유래한다. 이 말은 19세기 초반 사회개혁가들의 노력을 지칭한다. '푸리에주의자들'은 자신들의 이론을 '사회과학'이라고 주장했다. 프랑스 사회주의의 대표 주자에는 푸리에와 생시몽이 있으며, 이후 프랑스 사회주의는 바뵈프와 보오나로티, 그리고 블랑키의 프랑스 공산주의로 이어졌다. 1848년에 마르크스는 유토피아주의자 개념을, "우리가 보기에 유토피아주의자란 정치적 형식을 그 사회적 기반으로부터 분리시켜 보편적이고 추상적인 교조로 내세우는 사람들"이라고 규정했다.

문이다. 그러므로 마르크스 유물론에 영향을 준 두 가지는 유물론과 관념론이라고 할 수 있다.

그렇다면 마르크스는 물과 기름과 같은 유물론과 관념론을 어떻게 자신의 유물론 철학으로 녹여낼 수 있었을까? 마르크스는 자신의 유물론 체계를 헤겔처럼 조목조목 정리해놓지 않았지만, 간단하게 명제화해놓았다. 그는 「포이어바흐에 관한 테제」에서 자신의 유물론의 특성을 '실천적', '혁명적'이라고 말했다. 그리고 자신의 유물론 사상에 영향을 주었던 두 가지 기존의 유물론과 관념론과의 차이를 '11번 테제'에서 다음과 같이 말했다.

영국의 정치경제학

정치경제학은 넓은 의미에서 보면, 생산, 소비, 교환 그리고 인간의 생활 조건들의 분배에 관한 과학이다. 정치경제학은 물질적인 경제 발전에 따라 변증법적으로 사회적 의식을 나타내는 계기가 되며, 또한 물질적인 경제 발전의 다양한 매개 형태들을 드러낸다. 이 학문은 역사적으로 제한되고 특수한 의미로는 부르주아 자본주의 사회의 경제 법칙을 탐구 대상으로 삼지만, 또한 동시에 부르주아 사회의 모든 영역과 연관 관계를 근본적으로 탐구하는 과학이기도 하다. 정치경제학자들은 중농주의자들이 토지 소유 여부를 부의 원천으로 여기는 것을 비판하고 노동가치론을 제안했다. 처음 존 로크가 도입해 애덤 스미스와 카를 마르크스가 발전시킨 이 이론에 의하면 노동이 실제 부의 원천이다. 더 나아가 마르크스는 부의 원천과 잉여가치의 발생이 유통과정이 아니라 생산과정에서 나타난다고 했다. 그래서 마르크스는 『자본론』의 부제를 "정치경제학 비판"이라고 했다.

"지금까지 철학자들은 다양한 방식으로 세계를 해석했을 뿐이다. 그러나 중요한 것은 세계를 변혁시키는 것이다."[1]

다시 말해, 마르크스는 자신의 유물론을 기존의 유물론과 관념론으로부터 '질적'으로 구분하고 있다. 기존의 유물론과 관념론은 단지 우리에게 '이미 주어진' 세계를 이러저러하다고 해석할 뿐이지만, 그의 유물론은 '이미 주어진' 세계를 새로운 세계로 '변혁'한다는 것이다. 이렇게 볼 때, 마르크스의

---

1 카를 마르크스, 『독일 이데올로기』, 김대웅 옮김, 두레, 1989, 41쪽.

독일 관념론

관념론은 유물론과 대립되는 철학의 근본 경향으로서 '철학의 근본 문제'와 관련
해, 근원적으로 '의식'이 물질보다 일차적이며 규정적인 것이라고 답하는 세계관
이다. 다시 말해, 관념·정신의 우선성 또는 심리적인 것·감각의 우선성에 기초해
그것들을 규정적인 것이라고 보는 반면, 물질·객관적 실재 전체를 이차적인 현상
으로 간주하는 철학적 견해나 체계, 조류들은 모두 관념론에 속한다. 독일 관념론
은 이러한 관념론이 18세기 말부터 독일에서 전개되었던 철학 사상이었다. 주요
철학자들에는 피히테, 셸링, 헤겔, 라인홀트, 슐라이어마허가 있다. 독일 관념론
은 그 뿌리를 대륙 합리주의자인 데카르트, 라이프니츠, 칸트에 두고 있다.

유물론은 상호 대립·모순 관계에 있는 기존의 유물론과 관념
론을 헤겔처럼 단지 종합·통일한 것이 아니라, 이 둘을 넘어
서 있는 '고차적인 단계'에 있는 것임을 알 수 있다. 그렇다면
고차적인 단계에 있는 이 마르크스의 유물론을 '실천적' 또는
'혁명적' 유물론이라 명명할 수 있을 것이다.

　마르크스의 『자본론』은 완성되지 않은 미완의 저서이다.
그렇지만 '실천적' '혁명적' 유물론의 세계관이 녹아 있는 미
완의 저서이다. 『자본론』은 「계급」이라는 절에서 끝나고 있는
데, 그렇다고 해서 계급에 대한 명확한 규정을 내리고 있지는
않다. 그렇지만 마르크스의 유물론에 비추어보았을 때, 마르크
스는 자본가와 대립되어 있는 '임금노동자' 자체를 혁명의 주
체인 계급으로 규정하지 않았을 것이다. 왜냐하면 임금노동자

는 '신(神)'으로서의 자본의 '관념론적' 특성이 인격화된 자본가와 반대되는 위치에 있기 때문이다. 즉 자본의 '물질적인' 측면과 관계된 '유물론적' 특성이 인격화된 위치(상대적 가치형태)에 있기 때문이다. 그렇다면 마르크스는 자신의 실천적, 혁명적 유물론 세계관에 따라 임금노동자를 넘어서서 '노동자계급'을 어떻게 규정했을까, 또한 계급의식을 어떻게 규정했을까? 혁명의 주체로서 어떻게 계급의식을 가질 수 있으며, 그리하여 계급이 될 수 있을까? 따라서 마르크스가 말하는 새로운 세계, 즉 '각기 자유로운 개인이 서로 연대하는 사회'가 어떻게 가능할 수 있을까? 이에 대한 단초를 『자본론』에서 살펴보는 것도 우리의 좋은 공부가 되지 않을까 싶다.

실천적 유물론자, 공산주의자, 혁명가

"하나의 유령이 유럽을 배회하고 있다. 공산주의라는 유령이." 마르크스는 자신의 저서 『공산당 선언』에서 이렇게 말했다. 이 말은 일종의 예언이었을지 모른다. 마르크스 자신과 그의 저서들, 그리고 거기에 깔려 있는 공산주의 사상과 유물론은 오늘날에도 여전히 유령이 되어 전 세계를 떠돌고 있기 때문이다. 왜 그는 여전히 유령이 되어 우리 곁을 배회하고 있을까? 1880년 여름 미국의 저널리스트 존 스윈턴은 이 유령과 만나 다음과 같이 물었다,

우리는 바닷가에서 잔을 부딪치며 세상, 사람, 시간, 사상에 대해 이야기를 나누었다. 기차를 기다리는 사람은 없었고, 밤은 목전에 다가왔다. 이 시대와 또 다른 모든 시대의 황폐와 이야기들에 대해, 그리고 황혼에 대한 이야기를 생각하다가 나는 존재를 최종적으로 지배하는 법칙이 무엇인가라는 질문을 떠올렸다. 나는 이 현자에게 답을 구하고 싶었다. (……) 침묵이 흐르고 나는 이 혁명가이자 철학자에게 다음과 같은 숙명적인 질문을 던졌다.

"무엇입니까?"

잠시 그의 정신이 거꾸로 선 것처럼 보였다. 그는 포효하는 바다와 해변을 불안하게 돌아다니는 수많은 사람들을 물끄러미 바라보고 있었다.

"무엇입니까?"

나는 그렇게 물었고 그는 낮고 엄숙한 목소리로 대답했다.

"투쟁이지!"

처음에는 절망의 메아리를 듣는 것 같았다. 그러나 어쩌면 그것이 삶의 법칙인지도 모른다."[2]

---

2 박영균, 『칼 마르크스』, 살림출판사, 2005, 4쪽.

마르크스의 유물론에 따르자면, 인간의 삶을 이끌어가는 것은 기존의 것을 넘어서서 새로운 것을 창조하려는 삶의 의지, 즉 투쟁이다. 그리고 그의 삶 전체가 투쟁이었다. 그가 영국 왕립도서관에 처박혀 10여 년 이상 『자본론』을 연구하고 써내려갔던 것 또한 투쟁이었다.

마르크스는 1818년 5월 5일 독일 라인란트의 트리어(Trier)에서 하인리히 마르크스(Heinrich Marx)와 헨리에테 마르크스(Henriette Marx)의 장남으로 태어났다. 아버지 하인리히는 트리어에서 변호사로 활동하고 있었다.

마르크스가 트리어에서 보낸 어린 시절에 관해서는 알려진 사실이 거의 없다. 마르크스는 집에서 아버지에게 공부를 배우다가 1830년 트리어 고등학교에 들어갔다. 그는 고등학교에서 도덕적, 종교적 주제에 관한 글들이 기품 있고 진지하다는 칭찬을 받았다. 그리고 수학과 신학 공부를 아주 잘했지만, 그가 주로 관심을 가졌던 분야는 문학과 예술이었다. 이런 관심과 성향은 두 사람의 영향 때문이었는데, 그중 한 사람은 아버지 하인리히 마르크스였고, 다른 한 사람은 마르크스 가족의 친구로 이웃에 살던 프라이헤 루트비히 폰 베스트팔렌(Freiherr Ludwig von Westphalen)이었다. 베스트팔렌은 예니 마르크스(Jenny Marx)의 아버지로 나중에 마르크스의 장인이 되었다.

카를 마르크스가 철학을 공부했던 베를린대학교 전경.

1835년 10월, 열일곱 살의 마르크스는 본대학교 법학부에 입학했다. 그는 철학과 문학을 공부하고 싶었지만 아버지는 실용 학문인 법학을 공부하라고 강권했다. 그래서인지는 몰라도 1학년 때 마르크스는 술과 싸움으로 자유분방한 생활을 했다. 그럼에도 나름 법학을 열심히 공부해서 열여덟 살 때인 1836년 8월에 본대학교에서 수료증을 받았다. 수료증에는 학업에 대한 열정과 주의력을 칭찬하는 말도 있었지만, 술 먹고 소동을 피운 사실도 적혀 있었다. 아버지 하인리히는 마르크스를 붙잡아 좀 더 학구적인 분위기의 베를린대학교에 집어넣었다.

청년 헤겔학파

청년 헤겔학파(Junghegelianer)는 1830~1840년대에 헤겔 철학을 통해 비타협적, 개혁적, 반(反)교회적, 무신론적, 민주주의적 결론을 도출해내고, 이러한 자신들의 견해를 바탕으로 사회적 실천에 영향을 주려 했던 헤겔의 동료, 제자, 추종자들을 말한다. 청년 헤겔학파는 헤겔 철학이 철학을 왕권과 교회 권력, 즉 당시의 정치적·종교적 '현실'과 타협하도록 했다고 비판했다. 청년 헤겔학파의 주된 비판 대상은 기독교와 프로이센 국가였다. 그러다가 1848, 1849년 부르주아 혁명이 코앞에 다가왔음을 직감하고 현실 정치를 주요한 비판 대상으로 삼았다. 청년 헤겔학파는 자신들의 부르주아적, 급진주의적 정치 태도로 인해 동시대 사람들에게 '헤겔 좌파(Linkshegelianer)'라는 소리를 들었다.

마르크스는 베를린대학교 법학과에서 에두아르트 간스, 프리드리히 카를 폰 사비니, 브루노 바우어를 스승으로 모시고 수학했다. 마르크스는 사비니의 법률학 강의와 간스의 형법 강의에 출석함으로써 법학부 학생으로서의 대학 생활을 시작했다. 사비니는 절대왕정을 옹호한 확고하고 과격한 반자유주의자로서 헤겔주의자는 아니었다. 그러나 불변적인 자연권과 공리주의(功利主義)를 거부했다는 점에서 헤겔학파와 견해를 같이하는 부분도 있었다. 사비니의 주요한 학문적 맞수는 간스였는데, 그는 마르크스에게 많은 영향을 끼쳤다. 간스는 헤겔이 아낀 제자 중 하나였다. 그리고 베를린대학교는 헤겔 철학의 첫째 가는 중심지였다. 이러한 연유로 마르크스는 헤겔의 철학

사상에 많은 관심을 가졌다. 마르크스는 헤겔의 사상을 철저히 연구하기로 굳게 마음을 먹고 3주 동안 헤겔 저작을 읽고 또 읽은 후에 헤겔주의에 빠져들게 되었다. 그리고 마르크스는 헤겔 사상 토론 동아리인 박사동호회(Doktorklub)에 가입했다. 그리고 이 동아리를 통해 소위 청년 헤겔학파라 불리는 헤겔 좌파 사상가들과 만났는데, 이때가 1837년이었다. 청년 헤겔학파는 루트비히 포이어바흐와 브루노 바우어, 막스 슈티르너 등을 중심으로 모여든 집단이었다. 마르크스와 청년 헤겔학파는 헤겔의 형이상학적 가정들에 비판적이었다. 청년 헤겔학파는 변증법을 이용해 기성 사회, 정치, 종교를 자유주의적 관점에서 비판하고자 했다.

1837년 당시, 마르크스의 지적 탐구 작업의 폭은 실로 상당했다. 요한 요하임의 『예술사』를 꼼꼼하게 공부했고, 타키투스의 『게르마니아』와 오비디우스의 『트리스티아(Tristia, 슬픔)』를 번역하기 시작했으며, 영어와 이탈리아어를 혼자 독학하기도 했다. 또한 민법 소송 절차와 교회법에 대한 교과서를 수십 권 읽으면서, 동시에 아리스토텔레스의 『수사학』을 번역했고, 프랜시스 베이컨을 읽었으며, 동물의 예술적 본능에 대한 라이마루스의 책을 즐겨 읽었다. 마르크스는 짧고 익살스러운 소설 『전갈과 펠릭스』를 썼으며, 희곡 「오울라넴」을 썼다. 1840년에

독일 철학자 루트비히 안드레아스 폰 포이어바흐(1872년).

는 브루노 바우어와 함께 헤겔의 『종교철학강의』를 편집했으
며, 또 박사학위 논문도 쓰기 시작했다. 주제는 「데모크리토스
철학과 에피쿠로스 철학의 차이」였다. 마르크스는 이 논문에
서 신학은 철학이라는 더 높은 지혜에 복종해야 하며, 회의론
이 도그마에 승리를 거둘 것임을 보여주려 했다. 이 논문은 도
전적이어서 베를린대학교의 보수적 교수들에게 인정받을 수
없었다. 마르크스는 베를린대학교에서의 논문 제출을 취소하
고, 좀 더 진보적인 분위기의 예나대학교로 가서 거기에 논문

· Concept Word ·

루트비히 포이어바흐

루트비히 안드레아스 폰 포이어바흐(Ludwig Andreas von Feuerbach, 1804~1872)는 독일의 철학자이자 인류학자이다. 주요 저작으로는 『기독교의 본질(*Das Wesen des Christentum*)』(1841), 『미래 철학의 기본 명제들(*Grundsätze der Philosophie der Zukunft*)』(1843), 『철학의 개혁을 위한 예비 명제(*Vorläufige Thesen zur Reformation der Philosophie*)』(1843) 등이 있다. 포이어바흐는 감각적 유물론(근대 경험론)의 입장에서 사변을 감성으로, 의식을 존재로 환원해 헤겔 철학 체계를 뒤집고자 했다. 그는 종교 비판을 통해 신을 인간으로 대체한다. 포이어바흐의 사상은 헤겔과는 달리 구체적인 감각적 현실(자연과 인간)에서 출발한다. 그리고 그에 의하면 사고나 사변은 이러한 현실에 기초해서만 현실적일 수 있다. 감각적 현실과 무관한 사변은 추상에 지나지 않는다. 따라서 그에게 변증법은 사변이 자기 자신과 주고받는 독백이 아니라, 사변이 경험적인 것(현실적인 것)과 주고받는 대화이다.

을 다시 제출했다. 그래서 마르크스는 1841년 4월 15일 예나 대학교에서 철학박사 학위를 받았다.

마르크스는 대학교 교수로서 학자의 길을 계속 걷고 싶었다. 1842년 마르크스는 쾰른으로 이사 가서 언론인이 되었다. 모제스 헤스와 박사 클럽에서 가장 친했던 아돌프 루텐베르크가 편집장으로 있던 급진 성향의《라인 신문》에 참여했다. 3월에《라인 신문》에 언론의 자유에 대한 기사를 썼는데, 여기에는 다른 종교를 가진 사람들의 결혼은 비종교적인 것이 되어야 한다는 내용도 들어가 있었다. 이 내용으로 인해 루텐베르크와 멀어졌으며, 이는 곧 마르크스가 청년 헤겔학파와 멀어지게 된 시발점이었다. 《라인 신문》 사주였던 헤스는 10월에 마르크스를 새 편집장으로 임명했다. 이것이 마르크스가 언론인이라는 정체성을 강하게 인식하게 된 출발점이었으며, 죽을 때까지 이 정체성을 잃어버리지 않았다. 편집장이 된 이후 마르크스는 젊은 부르주아 급진 자유주의자들이 쓴 잘 알지도 못하는 '무신론과 공산주의'에 대한 성의 없고 아무런 사상도 없는 글들을 더 이상 싣지 않기로 결심했다. 1842년 10월에 라인 주는 사유지 숲에서 썩은 나뭇가지나 잔가지들을 주워가는 행위를 불법으로 간주하는 법을 제정했다. 마르크스는 11월에 반박 기사를 냈다. 이 기사를 준비하면서 마르크스는 정치경제학에 대해 잘 모르고 있던 자신을 발견했다. 그리하여 생시몽, 시스몽디, 프루동 등 프랑스 초기 사회주의자에 대한 독서를 통해 정치경제학에 대해 일정 정도 이해하고자 했다. 이를 바탕으로 자신의 유물론 철학과 과학적 공산주의에 대한 싹을 심어놓았다. 1843년 1월 4일자 《라인 신문》에서 마르크스는 유럽의 독재자들을 지지하는 주요 국가가 제정 러시아라고 격렬하게 비판했다. 러시아 황제 니콜라이 1세는 프로이센에 《라인 신문》 폐간을 요구했고, 프로이센 정부가 이를 수용함으로써 《라인 신문》은 폐간되었다.

1843년, 마르크스는 프랑스 파리에서 새로 창간된 급진 좌

1838년 무렵 초기 사회주의자의 이상을 그린 도시.

파 언론 《독불연보》의 편집자가 되었다. 《독불연보》는 독일 사
회주의자 아르놀트 루게와 마르크스가 독일 철학과 프랑스 혁
명의 경험을 연결하기 위해 창간했다. 마르크스는 여기에 「헤
겔 법철학 비판 서설」, 「유대인 문제에 대하여」를 기고했다. 두
글에서 그는 프롤레타리아를 사회적 관계들을 전복하고 인간
해방을 실현할 역사적 힘이라고 주장했다. 《독불연보》는 창간
호밖에 나오지 못하고 폐간되었다. 그 이후 마르크스는 독일어
좌익 언론으로 유일하게 검열을 받지 않던 《전진!》지에 기고
를 하기 시작했다. 《전진!》은 파리에 기반을 두고 있었으며 공

・ Concept Word ・

의인동맹

의인동맹(Bund der Gerechten)은 19세기의 기독교 공산주의 국제혁명단체다. 1836년 무법자동맹에서 분리되었다. 의인동맹 맹원들은 대부분 독일계 이민자 기술공들이었으며, 약 250명 정도였다. 대표 인물로는 저널리스트이자 교사인 빌헬름 볼프, 시계공인 요제프 몰 등이 있다. 의인동맹은 프랑스혁명 당시 총재정부에 의해 처형된 공산주의자 그라쿠스 바뵈프의 사상을 따르는 공상적 사회주의자들과 기독교 공산주의자들이 만든 단체로, 마르크스와 엥겔스는 나중에 가입했다. 의인동맹이 내건 구호는 "모든 사람은 형제이다!"였으며, 동맹의 목표는 청년들에게 착취와 억압, 부당한 빈곤이 없는 이상적인 사회로 가는 길을 제시하는 것이었다. 1847년 의인동맹은 마르크스와 엥겔스의 브뤼셀 공산주의자 연락위원회와 합병해 공산주의자동맹이 되었다. 이 과정에서 마르크스와 엥겔스가 작성한 것이 『공산당 선언』이다.

상적 사회주의 비밀결사 의인동맹의 기관지이자, 하이네, 헤르베그, 미하일 바쿠닌, 아르놀트 루게 등 오래된 망명 시인과 논객들의 피난처이기도 했다. 《전진!》에서 마르크스는 생계를 위협하는 기계를 부순 슐레지엔 직조공들의 투쟁과 관련해 루게와 논쟁을 했다. 이 논쟁 과정에서 마르크스는 자신의 유물론이 프랑스 사회주의, 영국 정치경제학, 독일 관념론을 종합 통일한 것임을 암시했다.

프리드리히 엥겔스(Friedrich Engels, 1820~1895)와 마르크스가 만난 것은 1844년 8월 28일이었다. 마르크스는 카페 드 라 레장스에서 평생 동지인 엥겔스를 만났다. 마르크스와 엥겔스는

러시아 혁명가 미하일 알렉산드로비치 바쿠닌.

서로를 완벽하게 보완해주는 존재였다. 마르크스는 자신의 유물론 사상의 정당성을 입증할 물질적 증거로서 발전하는 산업 사회의 풍부하고 구체적인 자료가 필요했는데, 이를 엥겔스가 제공해주었다(『잉글랜드 노동계급의 상태』). 엥겔스는 자신의 자료를 추상적인 관념론 철학, 특히 헤겔의 독일 관념론 철학에 대항하는 무기로 만들기 위해서는 마르크스의 유물론 철학이라는 틀이 필요했다. 상호 보완적인 관계인 마르크스와 엥겔스

미하일 바쿠닌

미하일 알렉산드로비치 바쿠닌(Michail Alexandrowitsch Bakunin, 1814~1876)은 러시아의 혁명가로서 정치적 아나키즘의 창시자이자 가장 유명한 초창기 이론가였으며, 철학적으로는 기계적 유물론자였다. 제1인터내셔널에서 바쿠닌은 마르크스와 엥겔스의 이론과 정책에 반대했다. 바쿠닌에게 있어서 사유와 반항은 인간 발전을 추동하는 힘이다. 노동은 인간의 동물적, 지적, 반항적인 충동을 만족하기 위한 수단일 뿐이다. 인간은 자신의 외부에 있는 객관인 자연 세계를 자신에게 복종시킴으로써 외부의 자연에 반항하는 것이다. 그리하여 자기 자신을 변화시키고 자유를 쟁취함으로써 자신의 본성에 반항한다. 그 다음으로 인류 역사의 마지막 단계인 아나키즘 상태를 건설함으로써 사회에 반항한다. 그런데 자유의 실현에 대립되는 것은 신, 국가 그리고 학문이다. 신은 인간에게 견딜 수 없는 권위이자 불평등의 대변자이며, 국가는 지배와 독재의 보증인이다. 학문은 자연에 대한 인간 정신의 반항이라는 점에서 긍정적이지만, 신, 국가와 같은 '추상물'만을 제공한다는 점에서 '비창조적인' 것이다.

는 마르크스의 옛 친구이자 청년 헤겔학파인 브루노 바우어를 비판했다. 그 결과물은 1845년 봄 프랑크푸르트에서 『신성가족, 또는 비판적 비판론의 비판: 브루노 바우어와 그 동료들에 반대하여』라는 제목으로 출판되었다. 마르크스는 막스 슈티르너나 루트비히 포이어바흐 같은 청년 헤겔학파에게 큰 영향을 받았지만, 결국 엥겔스와 함께 포이어바흐 유물론을 넘어서게 되었다.

바노 가 38번지에 살던 시절(1843년 10월~1845년 1월), 마르크스는 정치경제학(스미스, 리카도, 제임스 밀 등), 프랑스 사회주의(생

막스 슈티르너

막스 슈티르너(Max Stirner, 1806~1856)는 청년 헤겔학파에 속했던 인물이다. 그의 유명한 저서는 『유일자와 그 소유(*Der Einzige und sein Eigentum*)』이다. 여기에서 그는 '자아' 위에 있는 모든 권위, 즉 신, 인류, 황제, 교황, 조국 등을 인정하지 않았다. 이것들은 모두 소멸될 수밖에 없는 허깨비들이고, 이것들에 기초한 모든 이상은 환상에 지나지 않는다고 주장했다. 슈티르너가 오로지 실재한다고 믿었던 것은 '개인', '자아'뿐이었고, 이 '유일자', '고유인'이야말로 참된 '자유인'이라고 주장했다. 따라서 슈티르너의 슬로건은 '나는 아무런 거리낌이 없다'가 되었고, 이에 기초한 슈티르너의 입장은 철저하게 '자아주의'인 동시에 모든 권위(특히 국가)의 지배를 부정한다는 점에서 아나키즘이라 할 수 있다.

시몽 백작, 푸리에 등), 프랑스 역사를 연구했다. 그중 정치경제학 연구는 마르크스가 이후 여생을 바쳐 추구한 목표가 되었고, 그 결실이 생애 말년에 3권짜리 대표작 『자본론』으로 맺어졌다. 마르크스 유물론 철학 사상은 크게 세 가지 요소에 영향을 받았다. 독일의 헤겔 변증법으로 대표되는 독일 관념론 철학, 프랑스의 공상적 사회주의, 그리고 영국의 고전 정치경제학이 그것이다. 마르크스 사상의 3대 요소는 1844년에 『경제학 철학 수고』에서 종합·통일되어 나타났다. 이 초고는 다양한 주제들을 오가며 노동 소외의 개념을 구체화한다. 계속된 정치경제학 연구 끝에 마르크스는 1845년 봄, 자신의 새로운 정치경제 이론, 과학적 사회주의가 보다 철저한 유물론적 세계관 위

노동 소외

마르크스의 소외는 자본주의 사회에서의 노동 소외다. 노동의 소외는 주로 자본주의하에서 생산수단과 노동자가 생산한 생산물이 노동자에게 낯설고 자립적인 힘으로 대립한다는 사실에서 비롯된 현상이다. 그리하여 이런 조건 아래에서는 노동 자체마저도 노동자에게 외적이고 독립적인 어떤 것일 수밖에 없다. 왜냐하면 노동자는 "자신의 노동 속에서 자기 자신을 긍정하지 못하고 오히려 자신을 부정하고, 행복감에 젖기커녕 불행만을 체험하며, 자유로운 신체적, 정신적 에너지를 전혀 계발하지 못한 채 도리어 육체를 쇠약하게 하고 정신을 황폐화시키기 때문이다." 자본주의에 고유한 숙명적인 사회적, 인간적 제 결과와 갈등은 모두 본질적으로 여기에서부터 생겨난다. 이 소외론을 표현한 것이 『경제학 철학 수고』(1844)이다.

에 건설되어야 한다는 믿음을 가지게 되었다.

『경제학 철학 수고』는 1844년 4월에서 8월 사이에 저술되었다. 하지만 초고를 퇴고하던 마르크스는 이 내용이 포이어바흐 유물론의 영향을 받았음을 깨달았다. 마르크스는 자신의 유물론 완성을 위해 포이어바흐 유물론을 넘어서고자 했고, 이듬해(1845년 4월) 11개 명제로 구성된 「포이어바흐에 관한 테제」(이하, 「테제」)를 작성했다. 「테제」 중 가장 유명한 것은 마지막 제11명제다. 철학자들은 세계를 다양한 방식으로 해석해오기만 했으나 진정 중요한 점은 세계를 변혁하는 것이라는 내용이다. 「테제」에서 마르크스는 기존의 유물론과 관념론 모두를 비판한다. 그에 따르면 기존 유물론 철학은 관조적이며, 관념론 철학은 실천을 이론으로 축소한다. 그리고 마르크스의 역사적 유물론의 첫 번째 편린이 이 「테제」에서 소개된다. 그것은 바로 세계가 생각, 관념, 사상(idea)으로 변하는 것이 아니라, 인간의 실천으로만 변화된다는 것이다.

1845년, 프랑스 내무 장관 프랑수아 기조는 실업자가 된 마르크스를 프랑스에서 추방했다. 프랑스에서 쫓겨난 마르크스는 정치경제학 연구를 계속하자는 희망을 품고 브뤼셀로 갔다.

브뤼셀에는 유럽 각지에서 망명온 다른 사회주의자들(모제스 헤스, 카를 하인첸, 요제프 바이데마이어 등)이 많았는데, 마르크스는 그들과 어울렸다. 같은 해 4월, 엥겔스가 독일 바르멘에서 브뤼셀로 마르크스를 따라왔다. 1845년 7월 중순, 마르크스와 엥겔스는 6주 동안 영국을 방문했다. 런던과 맨체스터의 다양한 도서관에서 경제학 자료를 검토할 기회로 이용하려던 목적도 있었고, 세계 최초의 노동계급 운동인 차티스트 운동 지도자들을 만나려는 목적도 있었다.

이 즈음 마르크스는 『정치경제학 비판』을 출판한다는 약속을 미루고서 『독일 이데올로기』의 출발점으로 「포이어바흐에 관한 테제」를 작성했다. 여기서 마르크스는 헤겔을 뒤집어놓은 포이어바흐를 다시 뒤집었다. 그리하여 헤겔과 포이어바흐를 넘어서게 되었다. 마르크스와 엥겔스는 1845~1846년 겨울

차티스트 운동

차티스트 운동(Chartist Movement) 또는 차티즘(Chartism)은 19세기 중엽(1838~1848) 영국에서 일어났다. 제1차 선거법 개정의 실현에 힘이 된 것은 노동자계급이었으나 여기에는 자본가계급의 요구만 반영되었다. 노동자계급의 요구는 자본가계급의 배신으로 묵살되었다. 1839년 노동자계급은 21세 이상 남자의 보통 선거, 비밀 투표, 하원의원 재산 자격 폐지, 의원에게 봉급 지급, 인구 비례에 의한 평등 선거구, 매년 의회 선거 등 6개 항의 인민헌장(People's Charter)을 내걸고 광범위한 정치 운동을 전개했다. 노동자계급은 자본가가 권력을 장악하고 있는 한 이 계급을 경제적으로 정복할 수 없기 때문에, 정치적으로 의회 개혁을 통해 경제적인 생활 향상을 꾀하고자 했다. 또한 1843년의 패배 이후 노동자계급의 새로운 지도자들은 노동 전선을 통일하기 위해 직접적이고 간단한 보통 선거에 입각한 의회민주주의를 요구했다. 1838년에서 1848년에 걸쳐 런던, 버밍엄을 중심으로 전국에 운동이 퍼져나갔고, 북부 공업지대의 선전전을 통해 수백만 명의 서명을 얻어 의회에 청원했다. 그러나 지도자들 사이의 분열, 사상의 불일치, 탄압 때문에 최고조였던 2월 혁명을 고비로 급격히 쇠퇴했다.

동안 『독일 이데올로기』를 맹렬히 써나갔다. 이 책은 마르크스가 자신의 유물론 개념을 정립해놓은 최고의 저작으로 평가된다. 여기서 마르크스는 포이어바흐, 바우어, 슈티르너 등 청년헤겔학파, 그리고 그들과 같은 관념론에 기반하고 있다고 생각한 다른 사회주의자들과 완전한 단절을 선언한다. 『독일 이데올로기』는 1932년이 돼서야 초판이 출간되었다.

　『독일 이데올로기』를 완성한 마르크스는 '진실로 과학적인 유물론 철학'을 바탕으로 하는 '혁명적 프롤레타리아트 운동'

피에르 조제프 프루동

피에르 조제프 프루동(Pierre-Joseph Proudhon, 1809~1865)은 프랑스의 사회주의
자이자 아나키즘 이론가이다. 최초의 대작 『소유란 무엇인가?—법과 통치의 원
리에 대한 탐구』(1840)에서 프루동은 사유 재산을 노동자들이 생산한 잉여가치의
부당한 횡령이라고 말했다. 그에 따르면, 사회의 일체의 부는 수많은 노동자의 협
업에서 나오는 '집합력'의 소산이므로 가령 자본가에 의해 집합력이 형성되는 경
우라도 자본가의 독점에 맡길 것이 아니라 사회 전체에 귀속해야 마땅한 것이다.
인간은 이러한 집합력의 소산으로부터 자기의 생명과 자손의 유지에 필요한 부
분을 노동과 교환해 획득할 수 있는 데 지나지 않는다. 이러한 주장은 프루동이
'생산과정'이 아니라 단순히 '유통과정'의 부당성에 초점을 맞춰 자본주의를 분석
하고 비판하는 것에서 나온 것이다.

의 '이론과 전술'에 관한 자기 색깔을 명확히 하고자 했다. 이
렇게 해서 나온 생산물이 『철학의 빈곤』(1847)이었다. 그런데
이 책 제목은 프랑스의 무정부주의 이론가 피에르 조제프 프
루동의 『빈곤의 철학』(1840)의 '프티 부르주아(소시민)적 철학'을
비판하는 것이기도 했다. 마르크스는 프루동이 헤겔 변증법의
여러 대립 측면들을 선악의 이분법으로 환원했다고 비판했다.
마르크스는 선과 악이라는 이분법적인 환원은 비역사적인 주
관주의의 특징이며, 양 측면 모두 인간 사회 발전에 똑같이 필
수불가결하며, 그리고 진정한 진보는 한편의 승리와 다른 한 편
의 패배의 결과로 이루어지는 것이 아니라 양측 모두의 해체를

프랑스 무정부주의 이론가 조제프 프루동과 그의 아이들. 구스타프 쿠르베의 그림(1865).

필연적으로 포함하는 투쟁 자체에 의해 이루어진다고 말했다.

마르크스는 엥겔스와 더불어 『독일 이데올로기』와 『철학의 빈곤』을 바탕으로 『공산당 선언』(1848)을 발표했다. 마르크스는 의인동맹의 후신인 '공산주의자동맹'을 통해 국제적인 혁명 조직을 만드는 일에 착수했다. 이를 위해 마르크스와 엥겔스는 공산주의자동맹의 강령과 조직 원리를 만드는 일에 참여했다. 이 과정에서 마르크스와 바쿠닌 사이가 멀어졌다. 바쿠닌은 비밀 테러 집단들을 조직화하는 것에 힘을 쏟은 반면, 마

공산주의자동맹

공산주의자동맹(Bund der Kommunisten)은 노동계급 최초의 국제 정치조직으로, 1847년 6월 마르크스와 엥겔스가 영국 런던에서 창립했다. 1847년 6월 런던에서 있었던 의인동맹 제1차 대회에서 이 동맹은 공산주의자동맹으로 전환되었다. 공산주의자동맹은 민주주의 중앙집권 원칙에 의거해 부르주아지 타도, 프롤레타리아의 지배, 낡은 부르주아 사회 해체 등을 목적으로 조직되었다. 1847년 11월 말에서 12월 초 공산주의자동맹 제2차 대회에서는 마르크스의 동맹 규약이 채택됐다. 그리고 마르크스와 엥겔스가 동맹의 강령을 만들었는데, 이것이 노동자계급 정당의 첫 강령인 『공산당 선언』(1848)이다. 공산주의자동맹은 "모든 사람은 형제이다!"라는 의인동맹의 구호 대신에 "만국의 노동자여! 단결하라!"라는 새로운 구호를 외쳤다. 이 구호에 맞춰 기회주의자들을 반대하고 공산주의를 선전하며 국제 프롤레타리아 운동을 발전시키기 위해 활동했다. 공산주의자동맹은 각국에 지부를 두었으며 1848~1849년의 유럽 혁명에 적극적으로 실천 활동을 펼쳤다. 1851~1852년 프로이센 정부가 공산주의자들에 대한 탄압을 강화함으로써 많은 동맹원들이 체포되었다. 쾰른 재판을 전후로 조직이 깨지기 시작하면서 잠시 동안 마르크스와 엥겔스 사이의 연락도 두절되었다. 이런 연유로 1852년 11월 마르크스의 제의에 따라 동맹이 해체되었다.

르크스는 공인된 정치적 방법에 따라 움직이는 공개적이고 공식적이며 혁명적인 정당을 설립하는 데 주력했다. 마르크스와 엥겔스는 공산주의자동맹의 강령으로서 『공산당 선언』을 1847년 12월부터 1848년 1월에 걸쳐 같이 써내려갔다. 『공산당 선언』은 1848년 2월 21일 처음 세상에 소개되었다. 마르크스는 이 책의 처음부터 자신의 실천적 유물론 철학의 기본 원리를 암묵적으로 제시했다. "오늘날 공산주의라는 하나의 유령이 전 유럽을 배회하고 있다. (……) 공산주의는 이미 유럽의 모든 세력들에게 하나의 세력으로 인정받고 있다. (……) 지금까지 존재했던 모든 사회의 역사는 계급투쟁의 역사이다."[3] 오늘날 부르주아(자본가계급)와 프롤레타리아(노동자계급)의 계급투쟁이 역사적으로 발생할 수밖에 없으며, 또한 이러한 적대적 계급투쟁 때문에 자본주의 사회가 해체되고 사회주의 사회가 도래할 것이라고 했다. 『공산당 선언』은 다음과 같은 유명한 말로 끝난다. "노동자들이 잃을 것은 사슬이요, 얻을 것은 세계이다. 만국의 노동자여, 단결하라!"[4]

마르크스는 1848년 쾰른으로 갔고, 6월 1일 엥겔스와 더불어 《신라인 신문》을 발행했다. 이 신문은 독재에 대항하는 자유주의적 민주주의자들과 사회주의자들 간의 연합으로 시작되었다. 같은 해 4월 파리에서 제2공화국이 선포되었다. 제2공화국은 국립작업장을 폐쇄하면서 이 작업장의 노동자 12만 명을 해고했다. 이로부터 노동자들의 투쟁이 전국적으로 일어났고, 이를 지지하는 프루동, 조르주 상드, 루이 블랑 등이 노동자의 권리를 주장했다. 이에 반해 알렉시스 드 토크빌(Alexis-Henri-Charles Clérel, comte de Tocqueville, 1805~1859)은 노동자의 권

---

3 카를 마르크스·프리드리히 엥겔스, 『공산당 선언』, 남상일 옮김, 백산서당, 1989, 49~50쪽.
4 카를 마르크스·프리드리히 엥겔스, 같은 책, 155쪽.

공산주의 혁명가이자 이론가인 프리드리히 엥겔스와 제1인터내셔널 상징 로고.

리 요구를 '사회 전쟁이자 일종의 내전'이라고 명명하면서 노
동자들과 이들을 고발했다. 이를 통해 마르크스는 자유주의적
민주주의자들과의 연합이 불가능하다는 점을 확신했고, 같은
해 9월 16일자《신라인 신문》을 통해 '프롤레타리아 독재'라는
개념의 싹을 제시했다. 그러나 1849년 3월 28일 프리드리히
빌헬름 4세가 국왕이 되었고, 이 국왕은 새 내각을 반동주의자
들로 채워 반혁명 정책을 실시했다. 그리하여《신라인 신문》은

폐간되었고, 5월 16일 마르크스에게 추방령이 내려졌다. 마르크스는 파리로 돌아왔지만, 프랑스 당국은 마르크스를 정치적 위협으로 간주하고 추방했다. 독일에도, 벨기에에도, 프랑스에도 머무를 수 없게 된 마르크스는 마침내 1849년 8월 런던 망명을 선택했다.

마르크스는 1849년 8월 24일에 런던에 도착했다. 런던 망명 초기 마르크스가 오로지 혁명 활동과 대영박물관 열람실에 가는 일에만 골몰했기에 마르크스 가족은 극심한 빈곤을 겪어야 했다. 이런 상황에서 실낱같은 구원의 손길이 다가왔다.《뉴욕 데일리 트리뷴》에서 유럽 사정에 대한 고정 기사를 써달라는 요청이 갑자기 들어왔다. 이 제의를 한 사람은 이 신문의 해외 담당 편집자인 찰스 다나였다. 다나는 푸리에주의자이자 노예제 폐지론자였다. 마르크스는 1852년부터 1862년까지 유럽 특파원으로 일했고, 이것이 그동안 주 수입원이 되었다.《뉴욕 데일리 트리뷴》은 미국 푸리에주의자들이 창간한 급진 성향의 신문이었다. 국내 문제와 관련해서는 노예제를 반대하고 자유무역을 지지했다. 국외 문제와 관련해서는 전제 정치의 원리를 공격해서 사실상 유럽의 모든 정부에 적대적 입장을 가지고 있었다. 이 신문은 전반적으로 진보적이고 노동계급 친화적인 편이었다.

1851년 12월에서 1852년 3월 사이에 마르크스는 프랑스 2월 혁명에 대한 이론 연구를 집대성해 『루이 보나파르트의 브뤼메르 18일』을 출판했다. 이 책에서 마르크스는 당시의 정치적 배경과 상황이 막연한 자유주의에서 벗어나 보수적 공화국을 거쳐 공개적인 계급투쟁으로 이어진 뒤, 결국에는 노골적인 독재 정치로 귀착되고 있음을 보여주고 있다. 이는 이러한 과정이 프랑스 사회가 도달해 있던 역사적 발전 단계에 의해 규정된 것이며, 또한 다른 한편으로 모순의 심화 과정이기도 함을 보여줌으로써 자신의 실천적 유물론 철학과 변증법의 구체화 과정을 잘 보여주는 것이라 할 수 있다. 그리고 모순의 심화 과정은 프티 부르주아와 중간 계급이 부르주아에게 버림받아서 노동자계급에 편입될 수밖에 없지만, 다른 한편으로 이들의 '버림받은 고통'이 노동자계급에게 더해지면서 노동자계급이 '보편적' 고통 속에 놓여 있는 '보편적 계급'으로 우뚝 서는 조건들을 만들어가는 과정이기도 하다는 것을 역으로 보여주고 있다.

　　1864년, 마르크스는 국제노동자협회, 소위 제1인터내셔널에 참여해, 초기 총평의회 평의원으로 선출되었다. 마르크스는 노동자계급에 대한 교서와 정관에 대한 계획서를 작성했다. 이 계획서에서 마르크스는 개량주의자들의 신경과민적인 성격을 건드리지 않으면서도, 사회 질서를 혁명해야 할 필요성을 역설했다. 이는 그 시대 좌파의 다양한 관점들 사이의 균형을 염두에 둔 것이라 할 수 있다. 이러한 균형은 산술적이고 기계적인 균형이 아니라 보다 고차적인 유물론적 관점에서 다양한 관점들을 종합·통일한다는 의미를 가지고 있다. 그리하여 다양한 국가들의 노동자계급의 프롤레타리아 투쟁을 위한 단일 전술을 구상해 인터내셔널을 세계적으로 중요한 정치기관으로 만들었다. 이후에 마르크스는 바쿠닌을 중심으로 한 무정부주의자들과 내부 투쟁을 벌여 승리했지만, 1872년 총평의회 소재지를 런던에서 뉴욕으로 옮긴 후에 제1인터내셔널은 저물기 시작했다. 제1인터내셔널 기간 중 가장 중요한 세계 정치사적 사건이 발생했는데, 그것은 바로 1871년 파리 코뮌이었다. 마르크스는『프랑스 내전』을 써서 파리 코뮌을 옹호·지지했다.

서유럽에서 노동자 혁명과 각종 운동이 계속 실패하고 좌절되었다. 마르크스는 자본주의를 좀 더 철저히 분석해야겠다고 결심했다. 마침내 1859년 마르크스는『정치경제학 비판』을 발표했다. 이 책의 서문에 그의 역사 이론이 무엇인지 알 수 있는 가장 명확한 진술이 들어 있다. 이 책의 중심 주제는 8년 후『자본론』의 제1권에서 자세하게 펼쳐진다.

마르크스는 1860년대 초부터 본인의 인생사에서 평생의

국제노동자협회

국제노동자협회(International Workingmen's Association, IWA) 또는 비공식 명칭으로
제1인터내셔널(First International)은 1864년 9월 28일 영국 런던에서 결성된 최초
의 국제적인 노동운동 조직이다. 1863년 폴란드 봉기 탄압에 저항하는 집회를 계
기로 결성되었다. 1866년 스위스 제네바에서 제1차 대회가 열렸으며, 다양한 아
나키스트, 사회주의자, 공산주의자 들이 참여했다. 마르크스는 국제노동자협회의
결성 선언문과 규약을 작성하는 등 이 협회의 결성을 적극 지도했다. 1870년에는
마르크스파가 국제노동자협회를 지도하기 시작했다. 마르크스는 1871년 파리 코
뮌의 분석을 통해 부르주아 국가를 해체하고 노동자 정부를 세우지 못한다면 결
국 혁명이 붕괴될 수밖에 없음을 강조하면서, 국제노동자협회 내의 프루동주의
자, 바쿠닌주의자, 블랑키주의자 등 아나키스트들을 비판했다. 국제노동자협회는
민주주의적 대중 활동을 강조하면서, 블랑키주의자와 바쿠닌주의자 같은 소수의
음모적 봉기 노선을 경계했다. 마르크스는 국제노동자협회를 중앙집권적인 노동
자 정치조직으로 건설하는 과정에서 중앙집권화에 반대하는 바쿠닌과 결별했다.
1871년 프랑스에서 수립된 파리 코뮌이 붕괴된 이후 제1인터내셔널은 쇠퇴했고
결국 1876년에 해체됐다.

역작을 쓰기 시작한다. 세 권짜리 『자본론』, 그리고 『잉여가치
론』이었다. 『잉여가치론』은 애덤 스미스(Adam Smith, 1723~1790)
와 데이비드 리카도(David Ricardo, 1772~1823) 등 앞선 고전 정
치경제 이론들에 대해 논하는 내용인데, 때로는 이것이 『자본
론』 제4권으로 여겨지기도 한다. 또한 역사상 최초로 경제사
상사를 종합적으로 다룬 저서이기도 하다. 1867년에 『자본론』
제1권이 출판되었다. 『자본론』 제2권(1893년 7월)과 『자본론』 제
3권(1894년 10월)은 마르크스가 생전에 완성하지 못했고 원고로

만 남았다. 두 권 모두 마르크스가 죽은 뒤에 엥겔스가 출간했다. 그러나 편집은 마르크스가 죽은 뒤 처음에는 엥겔스가, 그후에는 카우츠키가 편집했다.

제1권(자본의 생산과정)의 내용은 자본주의의 생산과정을 분석한 것이다. 여기에서 마르크스는 자본이 이윤 또는 잉여가치를 생산하는 과정, 그리고 자본이 자본 관계(노동에 대한 자본의 착취 관계)를 유지하고 재생산하는 과정을 분석하고 있다. 제1권의 중심 내용은 제3편(절대적 잉여가치의 생산)에서 제7편(자본의 축적 과정) 사이에 있다고 할 수 있다. 제1편(상품과 화폐), 제2편(화폐가 자본으로 전환)은 이 중심 내용의 이론적 근거를 분석하고 있으며, 제8편(이른바 시초 축적)은 중심 내용의 역사적·현실적 형성 과정과 사례를 밝히고 있다. 자본가는 이윤을 얻기 위해 일반적으로 화폐 형태로 투자한다. 그렇기 때문에 제1편에서 화폐가 무엇이며 어떻게 발생하는가를 설명하기 위해 상품을 분석할 수밖에 없다. 그런 다음 제2편에서 화폐가 자본으로 전환하는 과정을 설명한다. 제8편에서 한편으로 거대한 부가 어떻게 소수의 수중에 집중되고, 다른 한편으로 어떻게 나머지 모든 사람들이 생산수단을 가지지 못한 채 노동력을 팔지 않으면 안 되는 처지로 내몰릴 수밖에 없는지가 서술되어 있다.

제2권(자본의 유통과정)에서는 자본이 잉여가치를 생산하고 실현하기 위해 운동(유통)할 수밖에 없는 과정을 분석하고 있다. 여기에서는 자본가가 투자한 화폐가 증식하는 과정, 즉 화폐가 생산수단과 노동력으로 투자·전환되어 이 두 생산요소가 상품을 생산하고, 이 상품이 유통과정에서 팔려 다시 화폐로 되돌아오는 과정이 설명되고 있다.

제3권(자본주의적 생산의 총과정)에서는 산업자본(제1권과 제2권에서는 자본을 오로지 산업자본으로만 다루었다)과 상업자본(상업이윤)·금융자본(이자)·토지재산(지대)과의 연관관계를 분석하고 있다. 그리고 상업이윤·이자·지대의 원천이 바로 노동자의 잉여노동이며, 이들은 잉여노동의 구체적인 현상형태라는 것을 밝히고 있다. 그리하여 산업자본가계급, 상업자본가계급, 금융자본가계급, 토지소유자계급이, 겉으로 서로 대립하고 갈등하는 관계에 있다 할지라도, 모두 노동자계급을 착취하는 지배계급임을 밝히려고 했다.

1881년 12월 아내 예니가 죽었다. 예니는 오랫동안 고통스럽게 앓다가 암으로 죽었다. 마르크스는 폐종양에 걸렸다. 폐종양은 점점 악화되었고, 그는 1883년 3월 14일 서재의 안락의자에 앉아 잠든 채로 숨을 거두었다. 향년 65세, 무국적자로 세상을 떠났다. 1883년 3월 17일 장례식이 치러졌고, 마르크스는 하이게이트 묘지의 아내 예니 곁에 묻혔다. 장례식 참석자는 열한 명이었다. 빌헬름 리프크네히트, 프리드리히 엥겔스 등 가까운 동료들이 추모사를 읽었다. 엥겔스는 이렇게 말했다. "인류는 한 영혼을 잃었다. 그것도 오늘날까지 마음속에 소중하게 간직해오던 중요한 영혼을 말이다. (……) 오직 천재와 전문가만이 할 수 있는 조언을 해줄 혁명의 중심이 사라져버렸다."[5]

비록 마르크스 자신은 세상을 떠나 더 이상 사유할 수 없게 되었지만, 그의 영혼은 노동자계급을 비롯한 전 세계 피지배계급에게 살아남아 있다. 마르크스의 『자본론』은 이러한 상징을 나타내고 있다.

5 박영균, 『칼 마르크스』, 살림출판사, 2005, 5쪽.

마르크스의 과학:
고차적 유물론으로서의 과학

앞서 살펴보았듯 마르크스의 『자본론』은 '과학적 공산주의(사회주의)'의 상징이 되었다. 마르크스의 공산주의(사회주의)는 여타의 다른 공산주의(사회주의)(마르크스는 이들 공산주의를 '공상적' 공산주의라고 비판했다)와 구별되는 '과학적' 공산주의(사회주의)로 명명되었다. 이때 마르크스는 어떤 기준에서 '공상적'인 것과 '과학적'인 것을 구별했을까? 공상적이라는 말은 사전적 의미로 보면, '전혀 현실적이지 않거나 이루어질 가망이 없는 것을 막연히 상상하는 것'이다. 그런데 마르크스에게 있어서 과학적이라는 말은 공상적이라는 말의 단순한 대립항이 아니라, 이 말을 뛰어넘는 '초월론적'인 지위를 갖는 말이다(이는 노동자계급이 자본가계급의 단순한 대립항이 아니라 이러한 대립항을 넘어서려는 '초월론적' 지위를 가진다는 것과 연결될 수 있다).

마르크스에게 '공상적'이라는 말은 '관조적'이라는 말과 동일한 의미로 쓰인다. 관조적이라는 말은 사전적으로 '현실에 대해 제삼자의 입장에서 무관심하게 보거나 대하는' 태도를 가리킨다. 마르크스는 「포이어바흐에 관한 테제」 제1번에서 다음과 같이 말한다. "이제까지의 모든 유물론(포이어바흐의 것을 포함하여)의 주된 결함은 대상, 현실(Wirklichkeit), 감성(Sinnlichkeit)이 단지 '객체 또는 관조(Anschauung)'의 형식하에서만 파악되고, '감성적인 인간 활동, 즉 실천'으로서, 주체적으로 파악되지 못한다는 점이다. 따라서 '활동적' 측면은 유물론과 대립되는 관념론——이것은 물론 현실적이고 감성적인 활동 그 자체는 알지 못한다——에 의해 추상적으로 전개되었다."[6]

공상적이라는 말과 관조적이라는 말은 사전적 의미로 보면 서로 대립항을 이루는 관계에 있다. 왜냐하면 공상적이라는 말은 추상적인 상상 활동인 데 반해, 관조적이라는 말은 무관

---

6 카를 마르크스·프리드리히 엥겔스, 「포이어바흐에 관한 테제」, 『독일 이데올로기』, 김대웅 옮김, 두레, 1989, 37쪽.

심하게 바라보기만 할 뿐 어떠한 활동도 하지 않는 비활동성을 내포하기 때문이다. 이 대립적인 두 말(개념)은 나중에 헤겔의 변증법에서 서로 종합·통일된다. "미네르바의 부엉이는 황혼이 저물어야 그 날개를 편다." 이 말은 헤겔의 저서 『법철학 (*Grundlinien der Philosophie des Rechts*)』(1820) 서문에 나오는 말이다. 미네르바의 부엉이(즉, 절대정신의 지혜)가 낮이 지나고 밤에 날개를 펴는 것처럼, 철학은 앞날을 미리 예측하는 것이 아니라 이미 이루어진 역사적 조건이 지나간 이후에야 그 뜻이 분명해진다는 의미이다. 미네르바의 부엉이는 절대정신을 뜻하며, 날개를 펼치는 것은 절대정신이라는 추상물이 자신의 사유 활동을 펼쳐나감을 말하는데, 이는 '공상적'이라는 말과 연결된다. 또한 철학은 인간의 철학으로서 인간은 절대로 절대정신의 사유 활동을 변화시킬 수 없고 단지 그것을 바라보고 수동적으로 받아들일 수밖에 없는데(헤겔은 이것을 '이성의 간지'라고 했다), 이는 '관조적'이라는 말과 연결된다.

헤겔의 변증법은 근대 경험론이라는 유물론과 근대 합리론이라는 관념론의 종합·통일의 결과물이다. 유물론으로서 근대 경험론은 관조적이며, 관념론으로서 근대 합리론은 공상적이다. 근대 경험론에 따르면, 우리가 어떤 것에 대한 관념을 가질 때 우리는 그 관념을 존재하는 어떤 것에 대한 관념으로 받

이성의 간지

이성의 간지(List der Vernunft)는 헤겔의 저서 『역사철학강의』에 등장한 개념으로, 이성(vernunft)이 자기의 목적을 실현하는 과정, 그 방법을 일컫는다. 헤겔은, 인간이 역사 속에서 자신의 생산 활동을 통해 점점 자연을 넘어서며, 자신의 힘을 발휘하고 발전시킨다는 것을 드러내 보여주었다. 그런데 개개인들은 절박한 욕구와 당면한 관심사에 국한된 특수한 활동을 하게 마련인데, 어떻게 이러한 개인의 활동을 바탕으로 역사가 더 고차적인 발전을 이룰 수 있는가 하는 문제가 제기된다. 여기서 헤겔은 '이성의 간지'라는 사변적 범주를 도입한다.

아들인다. 그러므로 우리가 무엇인가 존재하는 것에 대해 무엇무엇이라는 인상 또는 관념이 우리에게 주어지기 위해서는 우선 그 인상 또는 관념에 상응하는 객관적인 대상이 먼저 존재해야 한다. 그런데 이 대상과 관념과의 관계는 감각적인 모사 관계이다. 즉 대상의 실제 성질을 우리 감각이 그대로 모사·반영한다. 이때 우리의 관념은 그 관념의 대상의 성질을 변화시킴 없이 그대로 받아들인다. 우리 주관 바깥에 있는 대상들은 우리의 주관과는 무관하게 그 자체 객관적으로 존재한다. 그리하여 근대 경험론은 대상에 개입해 대상을 변화시키는 것이 아니라 단지 '관조하는' 태도를 가질 수밖에 없다. 그렇기 때문에 헤겔 변증법에서 절대정신과 인간 이성 간의 관계는 근대 경험론에서의 모사 관계에 있다고 할 수 있다(이성의 간지).

경험론의 주장은 한계를 가진다. 경험론에 따르면 이 세상에 확실한 것은 존재하지 않는다. 다시 말해, 우리가 경험하는 대상에 대해 '이 대상은 바로 이것이다'라고 확실하게 말할 수 있는 것이 아무것도 없다. 왜냐하면 이 대상은 가만히 있지 않고 끊임없이 변화하기 때문이다. 그런데 이렇게 끊임없이 변화하는 대상에 대한 감각적인 경험, 그리고 그 경험에 의해 얻어진 데이터(정보)로서의 관념은 우리 삶에 아무런 의미가 없다. 그러므로 관념론으로서의 근대 합리론은 경험론의 한계를 바탕으로 아무런 의미 없는 경험과 관념들을 우리 삶에 의미 있는 것으로 만들고자 한다. 그러기 위해서는 이 경험과 관념들이 어떤 불변적인 법칙이나 이치 같은 것에 의해 체계화되어야 한다. 왜냐하면 이런 불변적인 법칙이나 이치 같은 것에 맞춰 살아야만 우리의 삶을 안정적으로 유지하며 지속할 수 있기 때문이다. 불변적인 법칙이나 이치 등은 보편성과 필연성을 지니고 있는데, 이러한 보편성과 필연성은 현재의 경험이나 그 경험의 모사인 관념으로 확보되지 않는다. 즉 우리에게 감각적 경험을 불러일으키는 대상(객관)은 그 자체 어떤 보편성과 필연성을 우리에게 전해주지 않는다. 이 보편성과 필연성을 내재하고 있는 불변적인 법칙이나 이치는 우리 인간 이성의 추상물이다. 이 추상물에 따라 모든 감각적인 경험과 관념을 우리 삶에 맞게 이러저러하게 체계화하는 것이다. 그런데 이러한 인간 이성의 추상물이 완전히 확실하다는 보장을 받기 위해서는 그렇다라는 '보증'이 필요하다. 그 '보증'이 이 세계의 제1원리로서 '철학적 신'이거나 '절대정신' 같은 것이다. 그러나 이 같은 제1원리는 경험적으로 증명될 수 있는 사실이 아니다. 그러한 점에서 '공상적'인 것이다.

다른 한편 관조적인 유물론(근대 경험론)과 공상적인 관념론(근대 합리론)은 근대 과학의 철학적 세계관이다. 그런데 근대 경험론이나 근대 합리론에서는 인간이라는 '유(類)'의 보편적 특성을 현실화할 수 있는 자기 삶의 목적이나 의지에 맞춰 자기를 둘러싸고 있는 삶의 환경이나 조건들을 변화시킬 뿐만 아니라 자기 자신까지도 변화시킬 수 있는 주체는 불가능하다. 그러므로 근대 과학에서 이루어진 자연법칙 등과 같은 세계의 이치, 원리와 인간의 관계는 인간이 이 원리에 어떠한 개입이나 통제도 할 수 없는 '관조적'이거나 '수동적'인 관계가 된다. 이런 관계를 바탕으로 하는 근대 과학은 이데올로기로 변질될 위험이 상당하다.

그러나 과학사를 살펴보면 과학이 발견했던 법칙들은 절대적으로 불변하거나 보편적이고 필연적인 것이 아니라 인간의 실천 활동을 통해 새로운 보편 법칙으로 바뀌게 된다. 예를 들면 천동설에서 지동설로 바뀐 것이 그것이다. 천동설에서 지동설로 바뀌면서 세계의 중심이 천상에서 지상으로 바뀌었으며, 종교를 중시하던 세계가 과학을 중시하는 세계로 바뀌었고, 과학을 중시하는 세계는 산업혁명을 통해 농업 사회에서 산업 사회로 탈바꿈했다. 이러한 세계의 변화와 함께 인간 사회는 신분제 사회에서 평등한 사회로 바뀌었고, 대부분의 인간 자신은 신분제 사회의 공동체(장원)에게 자신의 생존을 의탁했던 존재에서 자기 자신의 노동력을 팔지 않으면 살아갈 수 없는 '자유로운' 개인으로 변화되었다. 이를 보았을 때, 근대 과학과 그 산물인 세계의 이치나 원리는 인간 실천 활동의 생산물이라 할 수 있다.

그러므로 마르크스의 '과학'의 의미와 근대 과학의 '과학'의 의미는 질적으로 다르다. 마르크스가 말하는 '과학'은 '주체'의 '실천 활동'과 직결되어 있다. 즉 과학의 산물인 세계의 제1원리 또는 제1원인으로서의 이념이나 법칙은 인간의 실천 활동의 산물이라는 것이다. 따라서 『자본론』에 서술된 '과학적 방법(추상에서 구체로 상승하는 방법)'은 주체의 실천 활동을 잘 드러내는 방법이다. 『자본론』은 자본주의 사회의 자본의 법칙을 근대 과학의 자연법칙처럼 '관조적'으로 서술한 것이 아니라 보편적인 유적 존재로서 자기 자신을 현실화하려는 인간의 역사적·사회적 실천의 산물임을 서술한다. 또한, 노동자계급이 개별적인 개인으로서의 임금노동자가 아니라 이러한 실천의 산물로서 사회적 존재인 계급으로 자기 자신을 의식하고, 자기 자신뿐만 아니라 모든 인간이 보편적인 유적 존재로서 자신의 삶을 '인간다운' 삶으로 현실화하고자 하는 변혁적이고 실천적인 의지와 활동을 자기 자신에게 스스로 요구하는 내용을 서술하고 있다. 그러나 이러한 『자본론』의 의도는 제3권의 마지막 절인 '계급'에서 더 이상 서술되지 못하고 중단되었다.

『자본론』에 눈에 보이지 않는 형태로 이미 전제되어 있는 주체의 실천 활동은 환경을 변화시키고 그 환경에 맞춰 자신을 변화시키는 변혁적·혁명적 활동이다. 이는 「포이어바흐에 관한 테제」 제3번의 내용에 잘 나타나 있다. "환경과 교육의 변화에 관한 유물론적 교의(doctrine, 이 유물론은 마르크스가 비판하는 기존의 유물론이다)는 상황이 인간에 의해 변화하며 교육자 스스로도 또한 교육받아야 한다는 점을 망각한다. 바로 이 때문에 유물론적 교의는 사회를 두 부분──그중 한 부분은 사회를 넘어서 있다──으로 나누어야만 하는 것이다. 상황의 변화와 인간적 활동 또는 자기 변화 사이의 일치(coïncidence)는 혁명적 실천으로서만 파악되고 합리적으로 이해될 수 있다."[7]

---

7 카를 마르크스·프리드리히 엥겔스, 앞의 책, 38쪽.

그러므로『자본론』에 내재해 있는 마르크스의 '과학'은 근대의 과학에 근거해 있지만, 동시에 그것을 넘어서 있는 고차적인 유물론적 관점(초월론적 관점)에서의 과학이다. 이 과학은 자기 비판적이며, 자기 혁명적인 특성을 내재한다.

마르크스의 유물론과 변증법의 핵심:
타자의 타자성을 지향하는 실천

마르크스의 '철학'은 곧 '과학'으로서의 철학이다. 마르크스의 과학으로서의 철학은 '이론과 실천'이 통일되어 있다. 따라서 『자본론』은 이론과 실천의 통일인 과학으로서의 '철학'이다. "이제까지 철학자들은 세계를 단지 여러 가지로 해석해왔을 뿐이지만, 중요한 것은 세계를 변혁시키는 것이다."[8] 이것은 마르크스의 「포이어바흐에 관한 테제」 중 마지막 11번 테제이

---

8 카를 마르크스·프리드리히 엥겔스, 앞의 책, 41쪽.

다. 이 테제는 세계에 대한 이론적 인식의 포기가 아니라, 변혁적 실천과 유리된 철학 이론의 허구를 지적하고 변혁적 실천의 이론적 무기로서 과학으로서의 철학의 위상을 제시하고 있다. 그리고 이 철학은 주체의 실천 활동의 결과물이자 동시에 전제이기도 하다.

그러므로 철학은 '비판의 무기'가 아니라 '무기의 비판'이 된다. 마르크스는 『헤겔 법철학 비판 서문』에서 다음과 같이 말한다. "비판의 무기는 무기의 비판을 대신할 수 없다. 물질적 힘은 물질적 힘에 의해 전복된다. 그러나 이론은 그것이 대중을 사로잡는 순간 물질적 힘이 된다."[9] '비판의 무기'는 청년 헤겔학파의 추상적인 사회 비판을 의미한다. 추상적인 사회 비판은, 예를 들면 청년 헤겔학파의 일원이었던 브루노 바우어의 '종교 비판'과 '자기의식의 철학'을 들 수 있다. 급진적인 무신론자였던 바우어는 기독교가 인간의 허약함과 소외된 자기의식의 산물이며, 현실 세계의 비참함을 하늘나라에서의 거짓 행복으로 대체하는 속임수이자 아편이라고 말했다. 그런 다음 '자기의식'의 철학을 내세운다. 이 자기의식의 철학은 실체와 주체의 대립에서 객관적 실체(기독교의 신, 헤겔의 절

---

9 카를 마르크스, 「헤겔 법철학 비판 서문」, 『헤겔 법철학 비판』, 홍영두 옮김, 아침, 1989, 196쪽.

대정신)가 아닌 주체의 자기의식(인간 이성)을 주된 것으로 보고 객관적 실체를 주체의 자기의식의 산물에 불과하다고 본다. 다시 말해, 주된 자리가 객관적 실체에서 주체로 바뀌었다는 것, 즉 기독교의 신이나 헤겔의 절대정신의 자리에 추상적인 인간의 이성을 대체한다는 것이다. 그런데 기독교의 신이나 헤겔의 절대정신은 절대적으로 불변적이고 보편적인 존재인 것과 마찬가지로 이들의 자리를 차지한 추상적인 인간 이성 역시 절대적으로 불변적이고 보편적인 존재이다. 이렇게 절대적으로 불변적이고 보편적인 존재에 현실적인 인간은 개입할 수 없고, 통제할 수 없다. 현실적이고 물질적인 관계에 있는 인간은 이것들을 변화시킬 수 없고, 이것들이 자신들의 원인에 의해 스스로 변화하는 과정을 그저 바라볼 수밖에 없다. 그러므로 바우어의 종교 비판이나 자기의식의 철학은 '관조적인' 철학, 즉 세계를 변혁하는 철학이 아니라 단지 이러저러하게 해석만 하는 철학에 지나지 않는다. 이렇게 하여 청년 헤겔학파는 헤겔을 비판했지만, 결국 헤겔을 벗어나지 못했다.

마르크스는 '비판의 무기'에 대한 비판을 「포이어바흐에 관한 테제」 제4번에서 다음과 같이 말하고 있다. "포이어바흐는 종교적 자기 소외라는 사실, 즉 세계가 종교적, 표상적 세계와 현실적 세계로 이원화되었다는 사실에서 출발한다. 그는 종교적 세계를 그 세속적인 기초 안에서 해소하는 일에 몰두하고 있다. 그는 이 일이 끝난 뒤에도 중요한 일이 아직 남아 있다는 사실을 깨닫지 못하고 있다. 그런데 세속적 기초가 그 자신으로부터 이탈해 구름 속에서 하나의 자립적 영역으로 고착된다는 사실은 이 세속적 기초의 자기 분열 및 자기 모순에 의해서만 설명될 수 있다. 따라서 이 세속적 기초 자체는 우선 그 모순 속에서 이해되어야 하며, 다음에는 이 모순을 제거함으로써 실천적으로 변혁되어야 한다. 따라서 예컨대 지상 가족이 신성 가족의 비밀임이 폭로된 이상 이제 지상 가족 그 자체가 이론적으로 비판을 받고 실천적으로 변혁되어야만 한다."[10]

'무기의 비판'은 현실적인 인간이 자기를 둘러싼 모순적인 현실 세계를 변혁하려는 실천 활동을 내재하는 (과학으로서의) 철학이다. 무기의 비판으로서 이 철학은 경험적 현실 세계에서 일어나는 현상들을 무비판적으로 관조하고 수동적으로 받아들이는 '관조적 철학'의 지위를 넘어서는 고차적인 '실천적인 유물론 철학'이다. 그렇다면 모순적인 현실 세계인 자본주

---

10 카를 마르크스·프리드리히 엥겔스, 앞의 책, 38~39쪽.

의 체제를 변혁할 현실적인 인간은 누구인가? 마르크스는 다음과 같이 말한다. "철학이 프롤레타리아트 속에서 자신의 물질적 무기를 발견하듯이 프롤레타리아트는 철학 속에서 자신의 정신적 무기를 발견한다."[11] 자본주의 체제를 변혁할 '물질적 무기'로서 현실적 인간, 즉 실천의 주체는 다름 아닌 프롤레타리아트, 다시 말해 노동자계급이다.

마르크스의 『자본론』은 이론과 실천이 통일되어 있는 '실천적인 유물론 철학'의 대표적인 저서이다. 『자본론』 제1장 상품 장에서 이미 이론과 실천의 통일의 싹이 내재되어 있다. 여기에서는 화폐(자본)의 물신성이 어떻게 형성되는지를 분석하고 있다. 그리고 이러한 물신성이 자신의 필요욕구를 충족하기 위해(인간다움이라는 유적 보편성을 현실화하기 위해) 타인의 필요욕구를 충족하기 위한 노동(생산 활동, 이 노동은 결코 자기 자신의 필요욕구 충족을 위한 노동이 아니다!)을 수행하는데, 이 노동을 통해 끊임없이 자신의 유적 보편성을 현실화하려는 실천 활동의 생산물이라는 사실이 설명되고 있다. 그러나 만일 이 관계가 정체되면 더 이상 인간다움이라는 유적 보편성을 실현할 수 없다. 그러므로 매순간 더 많은 관계의 확대는 이전의 관계(여기서 멈춘다면

---

11 카를 마르크스, 「헤겔 법철학 비판 서문」, 『헤겔 법철학 비판』, 홍영두 옮김, 아침, 1989, 203쪽.

이 관계는 더 이상 인간다움이라는 유적 보편성을 실현할 수 없는 비인간적인 상태에 머물게 된다)를 넘어서는 고차적인 유물론적 지위를 갖는다. 그리하여 타인의 필요욕구 충족을 위해 노동하는 인간, 즉 상품의 소유자들은 자신의 필요욕구 충족을 위해서는 타인의 필요욕구 충족을 전제로 할 수밖에 없는 사회적 관계를 이미 전제하고 있는 자들인데, 이들이 바로 사회적 존재로서 프롤레타리아, 즉 노동자계급이다(여기에서 마르크스의 인간관이 개별적이고 고립된 원자화된 개인이 아니라 사회적 관계를 내포하는 존재이며, 이러한 사회적 관계를 표현하는 개념이 바로 계급임을 알 수 있다). 이를 통해 프롤레타리아가 변증법의 3대 핵심 법칙 중 '양질전화'의 법칙을 실천적으로 보여주는 존재임을 알 수 있다.

마르크스는 이러한 프롤레타리아트에 대해 다음과 같이 말한다. "철저하게 속박되어 있는 계급, 시민 사회의 계급이면서도 시민 사회의 어떤 계급도 아닌 계급, 모든 신분들의 해체를 추구하는 한 신분, 자신의 보편적 고통에 의해 보편적 성격을 소유하고 있으며, 어떤 특정한 부당성이 아니라 부당성 그 자체가 자신에게 자행되기 때문에 어떤 특수한 권리도 요구하지 못하는 영역, 더 이상 아무런 역사적인 명분을 내세울 수 없고 오히려 단지 인간적인 명분만을 내세울 수 있을 뿐인 영역, (……) 마지막으로 사회의 모든 다른 영역으로부터 자신을 해방시킴과 동시에 사회의 모든 다른 영역들을 해방시킴이 없이는 결코 해방될 수 없는 영역의 형성에 있다. 한마디로 말하면, 그 (해방의──필자 삽입) 가능성은 인간의 완전한 상실태이고, 따라서 인간의 완전한 회복에 의해서만 자기자신을 획득할 수 있는 영역의 형성에 있다."[12]

프롤레타리아트는 인간의 유적 보편성을 실현할 수밖에 없고, 그러한 '자기 명령'을 실천해야만 하는 사회적(계급적) 존재이다. 그런데 인간의 유적 보편성은 우리가 단지 수동적으로만 받아들여야 하는 '관조적'인 것이 아니다. 이 보편성은 타자의 타자성을 지향해야 하는 실천적 성격을 가지고 있다. 타자의 타자성은 결코 하나의 동일성으로 환원될 수 없는 타자의 고유한 특수성이다. 이 타자성은 『자본론』의 상품 교환에서 나타나고 있는 것처럼 타자의 필요욕구를 충족시키지 않고서는 결코 자신의 필요욕구를 충족할 수 없다는 의미를 내포한다. 그런데 이 필요욕구들은 서로 동일화할 수 없지만, 나의 필요욕구와 타자의 필요욕구는 모두 '인간다움'이라는 '유적 보편성'을 지향한다. 그러나 나만의 또는 타자만의 필요욕구의 충족만을 추구한다면, 즉 서로의 필요욕구 충족을 위해 상대방의 필

---

12 카를 마르크스, 앞의 책, 202~203쪽.

요욕구를 대상으로 삼아 상대방의 필요욕구를 자신의 필요욕구에 굴복·종속시켜 자신의 필요욕구와 동일화한다면, 각각의 필요욕구의 충족은 비인간적인 것으로 유적 보편성의 현실화(실현)의 방향과 반대되는 개별적인 것이 된다. 그리하여 욕구 충족은 사물화(자본화)되어 적대적 경쟁 형태를 띠게 된다. 그러므로 『자본론』에서 마르크스가 추구했던 유물론과 변증법의 핵심은 바로 '타자의 타자성'을 지향하는 실천임을 추론해볼 수 있다.

타자의 타자성을 지향·실천하는 프롤레타리아트는 자신의 특수한 권리(이해)를 추구하는 계급들이 존재하는 시민 사회의 한 계급이지만, 자신의 특수한 권리를 넘어서서 시민 사회의 모든 계급의 권리를 쟁취할 때에만, 즉 모든 '인간의 완전한 회복'을 통해서만 '인간으로서의' 자신의 특수한 권리를 획득할 수 있는 보편적 존재이다. 프롤레타리아트는 (정치적으로는) 시민 사회의 한 계급(경제적으로는 자본가계급-노동자계급)이지만, 그 계급을 해체해서 넘어서고자 하는 실천적 존재이다(이런 점에서 프롤레타리아트는 '초월론적' 존재이다).

그러므로 프롤레타리아트의 당파성은 다른 계급들의 당파성하고는 차원이 다르다. 당파성이란 모든 형태의 사회적 의식이 갖는 본질적 특성으로 사회적 의식의 계급 구속성을 표현하는 개념이다. 당파성에 따라 특정한 역사적 상황에 처해 있는 계급들의 경제적, 정치적 이해관계와 목표가 이들 계급의 철학과 도덕 그리고 다른 모든 의식 형태들을 규정한다. 시민 사회 내의 다른 계급들의 당파성은 자신의 개별적인 특수한 권리(이해)를 넘어서지 못하지만, 프롤레타리아트의 당파성은 자신의 특수한 권리를 넘어서서 인간의 유적 보편성을 실현하고자 한다. 따라서 시민 사회의 한 계급인 자본가계급과 프롤레타리아트의 당파성의 층위는 질적으로 다르다. 즉 프롤레타리아트의 당파성은 같은 층위에서 단순히 자본가계급의 당파성의 반대 위치에 있는 대립항이 아니라는 것이다. 자본가계급의 당파성은 개별적이고 특수한 영역에 갇혀 있는 반면에 프롤레타리아트의 당파성은 이를 넘어 보편성의 영역에 있다. 이리하여 프롤레타리아트는 과학성과 당파성이 통일되어 있는 실천적·보편적 존재이다.

이러한 것들을 종합해볼 때, 마르크스의 『자본론』은 자본의 운동 법칙을 '관조적'인 법칙으로 서술한 것(이것 때문에 『자본론』의 내용이 맞느니 또는 틀렸느니 하는 이야기가 나오는 것이다)이 아니라, 프롤레타리아트가 자신이 역사적으로 인간의 유적 보편성을 실현하는 위치에 있는 존재임을 상품 분석에서부터 의식(계급의식)하도록 하면서 자본을 해체할 수 있는 투쟁의 무기를 스스로 쟁취할 수 있게 하는 목적을 가진 변혁적이고 고차적인 유물론적 저서이다.

실천 활동의 근원: 자기의식

『자본론』에 나타난 마르크스의 실천적이고 고차적인 유물론은 마르크스의 철학적 세계관으로서 과학적이며 당파적인 세계관이다. 즉 마르크스의 유물론 철학은 과학적 세계관이라고 일컬어진다는 것이다. 그러나 이 과학적 세계관은 이러저러한 여러 가지 세계관 중에 하나를 선택하는 것과 같은 '관조적인' 세계관이 아니다. 인간의 유적 보편성을 현실화하고자 하는 '실천 활동'의 산물이다(이 산물은 인간, 사회 영역에만 국한되는 것이 아니라 자연 영역에도 적용될 수 있다. 예를 들면, 오늘날의 기후 위기와 같은 자연환경 문제를 해결할 실마리를 제공한다. 왜냐하면 인간의 유적 보편성의 추구는 어떤 절대적이고 단일한 그 무엇으로 동일화할 수 없는 '타자의 타자성'을 지향하기 때문이다. 이 타자성 때문에 기존의 자연관과 이 자연관을 바탕으로 한 현대 과학기술이 잉태한 문제들을 해결하기 위한 새로운 자연관과 과학기술의 패러다임이 생산될 수 있다. 이와 관련해서 여러분들도 한번 진지하게 고민하면 좋겠다).

그런데 이러한 실천 활동 또는 실천 의지는 어디서부터 오는 것일까? 즉 이것들의 근원은 무엇일까? 고차적인 과학적 유물론에 기초한다면 당연히 이 물음을 제기할 수밖에 없다. 만일 이 근원이 신이나 절대정신과 같은 불변적이고 절대적인 어떤 것이라고 한다면, 이는 마르크스의 유물론이 비판했던 기존의 '관조적인' 과학(또는 철학)에 불과할 것이다. 『자본론』에 내재해 있는 유물론에 따르면, 이 실천 활동 또는 실천 의지는 아마도 지금 우리의 현실적인 삶이 '인간답지 못한 상태(인간의 유적 보편성이 현실화되지 않은 상태)'에 있다는 스스로의 '문제의식'에서 나오는 것이라 할 수 있다(마르크스의 『자본론』 역시 노동자의 삶이 왜 비참할 수밖에 없을까 하는 스스로의 문제의식에서 출발했다). 이러한 문제의식은 지금 자신의 삶을 둘러싼 현재의 삶의 조건(또는 환경)을 먼저 살펴보게 한다(마르크스는 『자본론』에서 노동자의 생산물뿐 아니라 노동자 자신의 노동력 또한 상품으로 시장에서 교환되고 있다는 자본주의 경제(환경)에 주목하고 있다).

그리고 이 문제의식은 곧 자기가 어떤 상황(환경)에 놓여 있는지에 대한 '자기의식'에 다름 아니다. 이 자기의식은 종잡을 수 없는 심오한 그 무엇이 아니다. 그리하여 '나는 누구인가' 하는 자기의식에서 '나'는 구체적이고 현실적인 연구·분석 대상이 된다. 나는 안개 속의 막연한 '나'가 아니라 구체적이고 현실적인 관계에 있는 '나'이다. 다시 말해, 나와의 관계(나-세계)의 다른 항인 세계(자연, 사회, 인간)를 자신의 구체적이고 현실적인 내용으로 삼고 있는 '나'이다. 이 '나'는 구체적이고 현실적인 세계를 거울로 삼아 구체적이고 생생하게 들여다볼 수 있는 '나'이다. 예를 들면 애인을 만나 데이트하면서 즐거움과 행복감을 느끼는 나, 휴가 때 여행을 떠나 자연을 만끽하면서 자연과의 유대감을 느끼는 나, 그렇지만 직장 또는 학교에서 동료들과 갈등을 빚어 스트레스와 괴로움을 느끼는 나, 운동해야 하는데 의욕이나 실천이 부족한 나, 술과 담배를 좋아하는 나, 주위에서 이기적이거나 깍쟁이라는 소리를 자주 듣는 나 등이다.

앞의 두 예는 '인간다움'과 관련되고, 뒤의 나머지 것들은 '인간답지 못함'과 관련된다. 그러나 앞의 두 예는 일종의 '소확행(작지만 확실한 행복의 준말)'으로, 일시적이거나 오래가지 못하는 도피처 또는 쉼터일 경우가 많다. 이렇게 볼 때 우리는 일상적으로 인간답지 못한 상황에 처해 있다. 이러한 상황은 순수하게 개별적인 개인의 잘못된 인간성 때문이 아니라 관계 자체가 무엇인가 잘못되었다는 것을 느끼게 한다. 아무리 친한 친구라 해도 하나는 정규직, 다른 하나는 비정규직이라면 이 둘의 관계는 절대로 이전과 같은 친함이 지속되기 어렵다. 이 관계 자체는 자연법칙과 같은 신비한 그 무엇이 아니다. 우리는 이 관계 자체가 불변적인 절대적 자연법칙과 같은 것이 아니라, 구체적이고 현실적인 인간 삶의 역사적인 실천 활동의 결과물임을 마르크스의 『자본론』에서 살펴볼 수 있다. 그리고 이 관계 자체가 또한 인간의 구체적인 실천 활동을 통해 '인간다운 관계' 자체로 바뀔 수 있다는 것도 의식한다. 자, 이제 나 자신이 '비인간적이다'라고 느끼는 때가 언제 어디인지를 살펴보도록 하자. "이것이 바로 문제의 조건이다. 여기가 로도스 섬이다. 자, 여기서 뛰어보라."[13]

---

13 카를 마르크스, 『자본론 I (상)』, 김수행 옮김, 비봉출판사, 2007, 219쪽.

『자본론』이라는 숲의 전체 모습은 어떨까

　『자본론』은 미완성의 작품이다. 그것은『자본론』이 단지 자본주의 체제의 생리적인 구조를 설명하는 데 그치고 있다고 보기 때문이다. 그러나 이는 달리 보아야 한다. 즉『자본론』을 인간이 자신의 해방을 위한 기획의 전사로서 보아야 한다는 것이다. 왜냐하면 새로운 세상을 위해 우리가 무엇을 해야 할지를 기획하기 위해서는 현재 자신이 처해 있는 상황을 '과학적'으로 잘 파악해야 하기 때문이다.

　마르크스는 자본주의 사회를 올바르게 파악하기 위해 자본주의 경제를 철저하게 분석해야 한다고 말했다. 마르크스는

『자본론』「제1판 서문」에서 첫째, 자본주의 생산의 자연법칙을 해명하는 것이 이 책의 목적이라고 말했다. 즉 자본주의 생산의 법칙이 어떤 필연성을 가지는가, 왜 필연성을 가져야만 하는가를 해명하는 것이다. 이러한 작업은 자본주의 생산 방식 및 그에 대응하는 생산관계와 교환관계를 분석하는 작업이다. 둘째, 이러한 자연법칙의 해명과 더불어 변혁이 어떻게 가능할 수 있는가를 해명하는 것이 또한 이 책의 목적이라고 말했다. 다시 말해, 자본이 인간 해방을 어떻게 가로막고 있는지, 그리고 노동자계급이 이 장애를 어떻게 넘어설 수 있는지를 암시하고자 했다.

마르크스는 『자본론』에서 자본주의 경제에 대한 "경제학의 체계"를 "노동, 분업, 욕망, 교환가치 등과 같은 단순한 것으로부터 국가, 제 국민간의 교환, 세계시장으로까지 거슬러"올라가는 과정으로 구상했다. 이러한 구상은 '자본(Capital)', '토지재산(Landed Property)', '임금노동(Wage-Labour)', '국가(The State)', '대외정책(The State Externally)', '세계시장(World Market)'이라는 여섯 권의 책으로 계획되었다. 그러나 이 여섯 권 중에서 처음 세 권만이 『자본론』으로 엮여 나왔고 나머지 세 권은 쓰이지 못한 채로 남았다.

『자본론』 전체 세 권 중 제1권(독일어판)은 마르크스가 직접

교열을 보고서 1867년에 나온 가장 정확한 저서이다. 제1권의 서문에서 그는 『자본론』의 전체 구도를 다음과 같이 밝히고 있다.

이 책의 제2권은 자본의 유통과정(제2부)과 자본의 총과정의 각종 형태들(제3부)을 취급하게 될 것이며, 마지막 제3권(제4부)은 경제학설사를 취급하게 될 것이다.(7쪽)[14]

여기서 언급된 제2부에 해당하는 '자본의 유통과정'은 엥겔스가 정리해 마르크스가 죽은 뒤인 1885년에 『자본론』 제2권으로 출판되었으며, 제3부에 해당하는 '자본의 총과정'은 1894년에 『자본론』 제3권으로 출판되었다. 그리고 제4부 '경제학설사'는 마르크스가 기획만 하고 쓰지는 않았지만 이전에 쓰였던 초고를 토대로 『잉여가치 학설사』라는 제목으로 나중에 출판되었다. 이 세 권은 각각의 제목을 가지고 있는데, 제1권은 '자본의 생산과정', 제2권은 '자본의 유통과정', 그리고 제3권은 '자본주의 생산의 총과정'이다.

이 저서에는 '상품', '노동', '잉여가치', '자본', '이윤' 등 자

---

14 카를 마르크스, 『자본론 I (상)』, 김수행 옮김, 비봉출판사, 2007, 7쪽, 이하 같은 책, 쪽수만 기입.

본주의 경제의 핵심 개념들이 분석될 뿐만 아니라, 상품의 물신성, 잉여가치의 착취, 생산 부문 간의 불균형적 생산, 이윤율의 저하 경향, 실업자의 증가, 공황의 발생 등 자본주의 경제의 핵심 문제들이 깊이 있게 다루어진다.

「제1권」의 구성: 첫 번째 숲 살펴보기

「제1권」의 제목은 '자본의 생산과정'인데, 이것은 생산과정에 투입된 자본이 어떻게 잉여가치를 생산하는지, 자본 축적이 어떻게 이루어지는지, 자본주의적 생산관계가 어떻게 형성되어 유지되는지를 분석적·역사적 방법을 동원해 규명한다.

제1편인 '상품과 화폐'에서는 자본주의 생산양식의 가장 기본적인 특성인 상품과 화폐를 상세하게 살펴본다. 상품은 사용가치와 가치를 갖고 있는데, 이러한 가치는 노동에 의해 창출되며, 항상 다른 상품의 사용가치를 통해서만 자신을 표현할 수 있다. 그리고 가치가 상품을 이루게 하고, 이 상품이 화폐로 발전하는 과정을 추적하는데, 이를 통해 결국 화폐 또한 상품에 다름아님을 보여줌으로써 화폐 물신성의 비밀이 밝혀진다.

제2편인 '화폐의 자본으로 전환'에서는 화폐가 자본으로

전환되기 위해서는 인간의 살아 있는 노동이 생산과정에서 새로운 가치, 즉 잉여가치를 생산해야만 한다는 사실이 밝혀진다.

제3편 '절대적 잉여가치의 생산'에서는 이 잉여가치를 끊임없이 증대하려는 자본의 특성을 보여주고자 하는데, 먼저 노동일(노동시간)의 절대적인 연장을 통해 잉여가치가 형성·증대되는 과정을 분석한다.

제4편 '상대적 잉여가치'에서는 절대적 잉여가치의 생산에서 나타나는 모순인 노동자들의 저항과 공장법 등으로 인해 노동일이 고정됨으로써 노동 강도의 강화와 이에 따른 생산성의 향상을 통해 상대적으로 잉여가치가 형성되는 과정을 설명한다.

제7편 '자본의 축적 과정'에서는 자본의 축적 과정이 자본가와 임노동자의 착취 관계를 어떻게 유지하고 재생산하는가를 보여준다.

제8편 이른바 '시초 축적'은 자본 관계의 역사적 형성을 영국 사례에서 찾고 있다. 한편으로는 소수의 사람들이 거대한 부를 어떻게 얻을 수 있었는지, 다른 한편으로는 거의 대부분의 사람들이 아무것도 가지지 못한 채 자신의 노동력을 팔 수밖에 없었는지를 분석하고 있다.

「제2권」의 구성: 두 번째 숲 살펴보기

여기서는 '자본의 유통과정'을 다루고 있다. 제1편인 '자본의 변태들과 그들의 순환'에서는 자본가가 투자한 화폐(초기 자본)가 생산과정에서 생산수단(불변자본)과 노동력(가변자본)으로 전환되어 이것들이 상품을 생산하고 이 상품들이 시장(유통 영역 또는 과정)에서 팔려 다시 화폐로 돌아오는 유통과정, 즉 순환과정을 다룬다.

제2편 '자본의 회전'에서는 이러한 자본의 순환이 주기적으로 반복되는 자본의 회전 과정을 분석하면서 자본의 회전 시간(생산 시간과 유통 시간)이 잉여가치량에 미치는 영향을 연구한다.

제3편 '사회적 총자본의 재생산과 유통'은 사회적 총자본이 어떻게 유통되면서 재생산되는가를 해명하면서, 이러한 재생산을 위해 사회의 연간 생산물이 어떻게 팔리면서 다음해의 생산이 어떻게 준비되는가를 밝히고 있다.

「제3권」의 구성: 세 번째 숲 살펴보기

여기에서는 '자본주의적 생산의 총과정'을 다루고 있다. 제 1편인 '잉여가치의 이윤으로 전환, 잉여가치율의 이윤율로 전환'에서는 이윤의 원천이 잉여가치임을 강조한다.

제2편인 '이윤의 평균이윤으로 전환'에서는 자본들 사이의 경쟁으로 인해 서로 다른 부문들 사이에서 평균이윤율이 형성되는 과정을, 그리고 평균이윤과 잉여가치 사이의 관계를 탐구한다.

제3편 '이윤율의 저하 경향의 법칙'에서는 자본 축적이 진척됨에 따라 이윤율이 저하되는 경향이 있으며 이러한 이윤율의 저하로 인해 자본주의 모순이 더욱 심화된다는 점을 밝힌다.

제4편 '상품 자본과 화폐 자본의 상품 거래 자본(즉 상인 자본)으로 전환'에서는 상업 자본이 획득하는 상업 이윤의 원천이 잉여가치임을 나타낸다.

제5편 '이윤의 이자와 기업가 이득으로 분할'에서는 이자의 원천이, 제6편 '초과 이윤의 지대로 전환'에서는 지대나 차액 지대의 원천이, 제7편 '수입과 그 원천'에서는 이윤, 지대, 임금이라는 주요 수입의 원천이 바로 잉여가치임을 보여준다.

『자본론』이라는 숲속을 여행하면 어떨까?

근대 사회, 즉 자본주의 사회의 특징은 모든 부의 원천이 각 개인의 노동으로부터 시작된다는 점이다. 왜냐하면 봉건 영주를 정점으로 하는 장원이라는 공동체가 해체되면서 자신의 생존은 각 개인들 자신이 책임져야만 했기 때문이다. 또한 자본주의 사회에서 각 개인들의 관계 맺음은 신분제하에서의 수직적 방식이 아니라 개인들 상호 간의 계약을 통한 수평적 방식이 되었다.

또한 관계 맺음의 기본 장소는 봉건제하에서는 아주 한정된 장소에서 한정된 사람들과의 관계만이 이루어졌던 장원이었다면, 자본주의하에서는 이러한 한정을 뛰어넘어 무한한 관계 맺음의 가능성을 지닌 시장이다. 시장은 인간 생존을 위한 필수품의 교환 장소가 된다. 이 시장에서 노동생산물이 상품으로 변하고 이 상품이 다른 사람에게 팔릴 때 비로소 생존할 수 있으며 각 개인의 존재는 사회적으로 인정된다.

『자본론』읽기

자본주의 경제 체제의 세포인

상품과 화폐는 어떻게 이루어졌을까

제1권 제1편 상품과 화폐

제1장 상품, 제2장 교환과정

상품을 교환하는 기준, 척도는 무엇일까?

——가치(사회적 필요노동시간)

자본주의 사회는 상품 사회이며, 따라서 상품의 분석으로부터 자본주의에 대한 분석이 시작된다. "자본주의적 생산양식이 지배하는 사회의 부는 '방대한 상품더미'로 나타나며, 개

개의 상품은 부의 기본 형태다. 그러므로 우리 연구는 상품의 분석에서 시작한다."(43쪽) 상품은 "인간의 온갖 욕구를 충족시켜주는 물건"인데, 이 욕망의 성질이 상품의 유용성을 결정한다. 그리고 이 욕망의 성질에 의해 결정되는 상품의 유용성은 그 상품의 "물리적 속성과 직결된다." 상품(또는 물건)의 "유용성"이 이 상품의 "사용가치"가 되며, "그 상품체와 별도로 존재할 수 없다."(44쪽) 이렇게 해서 상품은 사용가치를 가진다. 그러나 사용가치는 상품의 필요조건일 뿐 충분조건은 되지 못한다. 왜냐하면 상품은 서로 교환되지 못한다면, 단순한 노동생산물에 지나지 않기 때문이다.

노동생산물은 교환이 이루어질 때 비로소 상품이 된다. 교환이 이루어질 때, 사용가치는 교환의 전제 조건이기는 하지만, 교환 자체만 놓고 보면, 사용가치는 고려 대상이 아니다. 교환 자체에서는 사용가치와는 다른 교환될 수 있는 가치가 필요한데, 이를 교환가치라고 한다. 사용가치가 상품의 '질적 속성'을 나타내주는 반면, 교환가치는 '양적 속성'을 나타낸다. "교환가치(exchange-value)는 먼저 양적 관계, 즉 어떤 종류의 사용가치가 다른 종류의 사용가치와 교환되는 비율로 나타난다. 그런데 이 비율은 시간과 장소에 따라 끊임없이 변동하므로, 교환가치는 어떤 우연적이고 순전히 상대적인 것처럼 보이고,

따라서 상품 자체에 고유한 내재적 교환가치라는 것은 일종의 형용모순인 것처럼 보인다."(45쪽) 교환되는 비율로서의 교환가치는 시·공간에 따라 변하지만, 교환을 가능하게 하는 양적 비율의 근거 또는 척도(내재적 교환가치)가 없다면 양적 비율을 산정할 수 없다. "이로부터 알 수 있는 것은, 첫째로 특정한 상품의 서로 다른 교환가치들은 동일한 그 무엇을 표현하고 있으며, 둘째로 교환가치는 교환가치와는 구별되는 그 어떤 내용의 표현양식 또는 '현상형태'에 지나지 않는다는 점이다."(45쪽) 양적 비율로서의 교환가치와는 구별되는 '척도', 또는 '동일한 그 무엇'을 '가치'라고 한다.

그러면 가치란 무엇일까? 즉 자본주의 시장에서 상품들은 어떤 교환 기준, 방식에 따라서 교환되는 것일까? 예를 들어 만일 쌀 한 가마와 신발 한 켤레가 교환된다고 해보자.

쌀 1가마 = 신발 1켤레

이때 쌀 1가마와 신발 1켤레는 어떻게 교환될까? 대부분의 사람들은 아마도 '교환하는 사람들이 서로 상대방의 상품을 필요로 하기 때문'에 교환한다고 할 것이다. 이것이 정답이다. 그러나 아직 사회적 부가 충분하지 못한 자본주의 초기에 이러한 대답은 너무 앞서가는 것인데, 자본주의 사회와 질적으로 완전히 다르며 사회적 부가 충분히 풍부한 새로운 사회에서나 어울리는 대답이다. 자 그럼 다시 쌀 1가마와 신발 1켤레의 예로 돌아가자. 이 둘은 질적으로 서로 다르다. 질적으로 서로 다른 둘이 서로 손해 보지 않고 어떻게 교환될까? 교환의 기준 또는 척도가 무엇일까?

"상품의 교환가치들도 하나의 공통적인 것—이것의 어떤 양을 교환가치는 표시한다—으로 환원되어야 한다." "이 공통적인 '그 무엇'은 상품의 기하학적·물리학적·화학적 또는 기타의 자연적 속성일 수 없다."(46쪽) 다시 말해, 이 공통적인 무엇에는 상품의 구체적인 사용가치가 포함되어 있지 않다. 사용가치가 배제되어 있는 상품들에는 책상·집·실 등의 사용가치를 만들어내는 책상을 만드는 노동, 집을 만드는 노동, 실을 만드는 노동 등의 구체적이고 유용성 있는 노동의 성질도 배제된다. 그리하여 "거기에는 오직 하나의 속성, 즉 그것이 노동생산물이라는 속성만 남"으며, 이 노동생산물에 들어가 있는 "노동의 상이한 구체적 형태도 사라"져서 이 노동은 단지 '노동 일반' 또는 '노동 그 자체'만이 남는다. "이들 노동은 더 이상 서로 구별되지 않는 동일한 종류의 노동, 즉 추상적 인간 노동으로 환원된다."(47쪽) 그리고 이 추상적 인간 노동이 상품의 교환 비율 또는 교환가치를 결정해주는 '가치' 또는 '상품가치'가 된다.

여기서 우리는 중요한 철학적 의미를 살펴볼 수 있다. 즉 추상적 인간 노동에는 개별적 개인의 생존만을 위한 노동을 넘어서 타인의 생존을 위한 노동의 의미가 내재된 '사회적' 노동이라는 관계 의미가 포함된다. 추상적 인간 노동은 다른 노동생산물과의 '교환'이라는 전제가 없이는 존재할 수 없다. 추상적 인간 노동은 노동생산물에 "남아 있는" "유령 같은 모양, 동질적인 인간 노동"이며, 그리하여 "노동생산물은 그들에게 공통적인 이런 사회적 실체가 응고되어 있다는 점에서 가치(value), 상품가치"(47쪽)가 된다.

"그러면 그 가치의 크기는 어떻게 측정하는가? 그 물건에 들어 있는 '가치를 형성하는 실체(substance)'인 노동의 양에 의해 측정한다. 노동의 양은 노동의 계속시간으로 측정하고, 노동의 계속시간은 시간·일·주 등을 기준으로 측정한다."(48쪽) 예를 들어보자. 만일 쌀 1가마 만드는 데 2시간이 걸리고 신발 1켤레 만드는 데 2시간이 걸렸다고 하면 '쌀 1가마＝신발 1켤레'라는 등식이 성립한다. 그런데 쌀 1가마 만드는 데 2시간 걸리고 신발 1켤레 만드는 데 1시간 걸렸다면 앞의 등식은 성립할 수 없으며, '쌀 1가마＝신발 2켤레'라는 등식이 성립한다. 이렇게 하면 서로가 수량적으로 손해 보지 않고 교환할 수 있는 것이다.

그런데 이러한 '자연적인 노동시간'은 영원히 고정되어 있는 것이 아니라, 시대적으로 그리고 사회적으로 과학기술의 발전 정도에 따라 서로 다르게 나타나며, 동일한 노동 부문의 평균값으로 나타난다. 이 평균값을 '사회적 필요노동시간'이라고 하며, 이 사회적 필요노동시간을 '가치'라고 부른다. "어떤 물건의 가치량을 결정하는 것은 오직 사회적으로 필요한 노동량, 즉 그것의 생산에 사회적으로 드는 노동시간이다."(48~49쪽)

사회적 분업은 어떻게 이루어질까

사회적으로 가치로서 노동생산물의 교환이 이루어지는 것은 자본주의 사회, 즉 상품 사회에 들어서면서 보편적인 현상이 되었다. 그런데 상품들은 교환 장소인 시장에서 각각 서로 질적으로 다른 사용가치로서 교환된다. "어떤 사용가치가 동일한 사용가치와 교환되는 일도 없다.""다양한 사용가치들[상품체들]의 총체는 다양한 유용노동들[유(類)·속(屬)·종(種)·변종(變種)으로 분류된다]의 총체, 즉 사회적 분업을 반영한다. 이사회적 분업은 상품생산의 필요조건이다."(52쪽) 이는 애덤 스미스가 『국부론』에서 노동 분업을 통해 국부가 증대한다고 주장한 것과 거의 똑같다 할 수 있다. 왜냐하면 스미스는 다양한 욕구의 증대가 노동 분업을 가져오고 이는 결국 부의 증대로 이어진다고 말했기 때문이다.

"그러나 반대로 상품 생산이 사회적 분업의 필요조건은 아니다."(52쪽) 왜냐하면 상품 생산은 다양한 욕구의 증대, 즉 사용가치와 이 사용가치를 생산하는 구체적 유용 노동의 증대와는 상관이 없고, 이러한 노동의 구체적 유용성을 배제한 추상적 인간 노동(인간 노동 일반), 즉 가치의 양과만 관계하기 때문이다. 다시 말해, 누군가가 어떤 구체적인 욕구와 사용가치를 원하는지와 아무런 상관이 없이, 오직 주어진 시간에 얼마만큼 생산하는가가 상품 생산 사회(자본주의 사회)의 최고의 관심사이기 때문이다.

이 최고의 관심사는 곧 동일한 생산물을 얼마나 생산할 수 있는가와 직결된다. "상품에 체현되어 있는 노동은" "사용가치와의 관련에서는" "노동력이 '얼마나'" 지출되는가, 즉 "노동의 계속시간이 문제로 된다."(56쪽) 이로부터 동일한 생산물을 생산하는 과정은 쪼개지게 된다(분할된다). 그리하여 동일한 생산물의 생산량은 증가한다. 그런데 이러한 "물적 부의 양적 증대가 그 가치량의 감소를 동반할 수 있다."(57쪽) 즉, 한 상품의 사용가치의 양적 증대는 그 상품 한 개에 들어가는 가치의 양을 줄인다는 것이다.

이는 다음과 같은 결론으로 이어진다. 사용가치의 양적 증대는 가치의 양적 감소를 가져오고, 가치의 양적 감소는 (이후에 설명될 것이지만) 노동자의 임금 감소로 이어지며, 또한 물가의 증대를 억제한다. 이 결론으로부터 오늘날 우리 경제의 일반적인 상식이 나타난다. 즉 오늘날 경제가 어려워지는 것은, 현상적으로 볼 때, 물가가 올라서이고, 물가를 잡으려면 더 많은 상품을 생산해야 하는데, 이는 결국 노동자 임금의 상대적 감소로 이어진다는 것이다. 이러한 모순은 "노동의 이중성에서 발생한다."(57쪽) 다시 말해, 상품을 만들어내는 노동에는 사용가치를 만들어내는 구체적인 유용 노동과 가치를 나타내는 추상적 인간 노동(인간 노동 일반)이라는 이중적이고 모순적인 특성이 내재해 있다는 것이다. 애덤 스미스가 상품의 이러한 이중적 성격을 제대로 파악하지 못했다는 것이 마르크스의 생각이었다. 스미스에 따르면, 노동 분업에 따른 사용가치의 증대는 국부(물적 부)의 증대로 이어져 모든 국민이 자신의 욕구를 충족할 수 있는 평화롭고 조화로운 세상이 오게 만드는 근원이다. 그러나 마르크스는 사용가치의 증대 이면에 있는 가치량의 감소가 점점 더 노동자의 임금을 상대적으로 감소시켜 노동자가 거의 대부분인 국민 성원을 고통에 빠지게 만든다는 사실을, 이미 노동의 이중적이고 모순적인 성격에서 비롯된다는 것을 통해 암시하고 있다. 그런 점에서 마르크스는 스미스가 유토피아를 꿈꾸고 있다고 생각했다.

노동의 이중적 성격은 우리에게 어떻게 나타날까
─상품들 사이의 사회적 관계

노동의 이중적 성격은 "평범한 현물형태"로서의 "상품"에 대한 분석으로부터 나타난다. "상품의 평범한 현물형태"인 "철·아마포·밀 등과 같은 사용가치"가 "상품인 것은 그것들이 이중적 성격, 즉 사용의 대상임과 동시에 가치를 지니고 있기 때문이다."(59쪽) 그런데 "상품 가치의 실재에는 상품체의 감각적이고 거친 객관적 실재와는 정반대로 단 한 분자의 물질도 들어 있지 않다." "만약 우리가 모든 상품은 인간노동이라는 동일한 사회적 실체의 표현일 경우에만 가치로서 객관적 성격을 가지게 된다는 것, 따라서 가치로서 상품의 객관적 성격은 순수히 사회적인 것이라는 것을 기억한다면, 가치는 오직 상품과 상품 사이의 사회적 관계에서만 나타날 수 있다는 것은 자명하다."(59쪽) 여기서 우리는 개인의 주관적이고 특정한 욕구만을 충족하는 노동생산물을 모든 사람의 욕구를 충족할 수 있는 보편적이고 객관적인 상품이게 해주는 '가치'라는 것이, 태곳적부터(물물교환이 시작되기 전부터) 노동생산물에 이미 내재해 있는 것이 아니라는 점을 살펴볼 수 있다. 다시 말해, 가치는 교환이 이루어지기 전부터 노동생산물에 내재된 초역사적이고 보편적이며 절대적인 그 무엇, 즉 신(神)과 같은 것이 아니라, 상품들 사이의 교환이 전면적으로 이루어지는 상품들 사이의 사회적 관계 속에서 나타나는 역사적이고 특수한 산물(자본주의 시대의 산물)임을 어렴풋이 알 수 있다.

마르크스는 가치가 상품과 상품 사이의 사회적 관계에서만 나타날 수 있다는 것을 자신의 방법을 통해서만 알 수 있다고 암시한다. "사실 우리는 상품들의 교환가치 또는 교환관계로부터 출발해 상품 속에 숨어 있는 가치를 찾아냈다. 이제 우리는 다시 이 가치의 현상형태로 되돌아가야 하겠다."(59쪽) 그는 자신의 이러한 방법을 '구체에서 추상으로, 추상에서 구체로 상승하는 방법'이라고 칭했다. 그리고 이 방법을 참으로 '과학적인 방법'이라고 했다. 그는 이 방법을 좀 더 상세하게 설명한다. "① 상품들은 사용가치의 잡다한 현물형태와 뚜렷이 구별되는 하나의 공통적인 가치형태, 즉 화폐형태를 가지고 있다는 것은 누구나 [다른 것은 아무것도 모른다 하더라도] 다 알고 있다. 그러나 여기서 우리는 부르주아 경제학이 일찍이 시도조차 하지 못했던 것을 수행해야 한다. 즉 ② 이 화폐형태의 발생 기원을 밝혀야 한다. 다시 말해, 상품들의 가치관계에 포함되어 있는 가치표현의 발전을 가장 단순한, 거의 눈에 띄지 않는 형태로부터 휘황찬란한 화폐형태에 이르기까지 추적해야 한다. 이것이 달성될 때 화폐의 신비는 곧 사라질 것이다."(59~60쪽)

①은 구체에서 추상으로 내려가는 방법을 뜻하며, ②는 추상에서 구체로 상승하는 방법을 뜻한다. ①에서의 구체는 가치의 '평범한 현상형태', 즉 매일 보고 듣는 일상생활의 경험 속에서 '돈(화폐)을 주면 물건을 살 수 있다'는, 삼척동자도 다 아는 사실이다. 그렇지만 왜 그렇게 되는지의 '연관 관계'의 내용을 아직 알지 못하는 단계에 있다(인용문에서 '비록 다른 것은 아무것도 모른다'로 표현된다). 우리가 '평범한 현상형태'들 사이의 내적인 연관성을 파악할 때 '연관 관계'의 내용을 알 수 있다. 그런데 현상형태들의 내적인 연관성을 파악하기 위해서는 현상들의 본질을 꿰뚫고 객관적인 현실의 법칙을 파악할 수 있어야 하는데, 그 출발점이 바로 ①과 ②의 '추상'이다. 그런데 ①과 ②의 추상은 초역사적이고 절대적인 근원으로서의 '형이상학적 본질'이 아니다. 왜냐하면 추상으로서의 '가치'는 역사적 시공간 속에서 상품들 간의 관계와 분리되어 존재할 수 없기 때문이다. 이 추상은 역사적으로 특수한 시대인 자본주의의 상품들 사이의 관계의 근원을 나타내는 역사적이고 특수한 추상이

다. 그리고 ①과 ②의 추상은 ①의 과정의 종점이자 결과물이기도 하다.

그러나 이 추상만으로는 평범한 현상형태들 사이의 내적 연관을 총체적이고 통일적으로 파악하지 못한다. 다시 말해, '가치' 그 자체로부터는 상품들 사이의 사회적 관계가 어떻게 이루어지는지, 그리고 그 관계로부터 화폐가 어떻게 등장하는지, 그리고 자본이 어떻게 등장하는지, 가치와 생산 가격이 서로 다른데, 어떻게 달라지는지에 대한 전체적인 이해가 이루어지지 않는다. 그래서 평범한 현상형태들 사이의 내적 연관을 총체적이고 통일적으로 파악하기 위해서는 ②의 과정이 필요하다. ②의 구체는 ①의 구체와 같기도 하지만 전혀 다르기도 하다. 즉 ②의 구체는 '구체'라는 측면에서 ①과 같지만, ①의 구체는 현상형태들의 연관 관계를 파악하기 위한 '출발점'이고, ②의 구체는 현상형태들의 다양한 연관 관계들이 통일적으로 파악되어 있는 '종점'이자 '결과물'이다.

마르크스는 이러한 자신의 방법이 유물론에 기반한 "변증법적 방법"이고 "헤겔의 그것과 다를 뿐 아니라 정반대다"(19쪽)라고 말하면서, "헤겔에게는 변증법이 거꾸로 서 있다"(19쪽)라고 말했다. 이제 마르크스가 제시한 방법에 따라 ①과 ②의 추상인 '가치'로부터 ②의 구체인 화폐, 자본이 어떤 연관 관계를 가지는지 살펴보자.

> A. 단순한, 개별적인 또는 우연적인 가치형태
> "가장 단순한 가치관계는 두말할 것도 없이 어떤 상품과 다른 종류[그것이 어떤 것이든]의 한 상품 사이의 가치관계다."
> "x량의 상품 A(20미터의 아마포) = y량의 상품 B(1개의 저고리), 또는 x량의 상품 A는 y량의 상품 B와 가치가 같다(20미터의 아마포는 1개의 저고리와 가치가 같다."(60쪽)

위의 가치형태가 가장 단순한 가치형태다. "모든 가치형태의 비밀은 이 단순한 가치형태 속에 숨어 있다. 그러므로 이 가치형태의 분석이 우리의 중요한 난관이다." 상품 A와 상품 B는 위에서 말한 상품들의 사회적 관계를 나타내는 가치의 두 극이다. 그런데 이 두 극은 서로 다른 역할을 한다. 즉 상품 A는 "능동적 기능을 하며," 상품 B는 "수동적 기능을 한다."(60쪽) 상품 A는 "상대적 가치형태"에 있다고 말하고, 상품 B는 "등가형태"(61쪽)에 있다고 말한다. 상대적 가치형태에 있다는 것은 상품 A가 자신의 가치를 표현하기 위해서는 자신의 가치를 표현해줄 수 있는 '대상'으로서의 상대 상품 B가 반드시 필요하다는 것을 뜻한다. 반면에 등가형태에 있다는 것은 상품 B가 자신의 가치를 직접 표현하는 것이 아니라 상품 A의 가치를 똑같이 그대로 표현해준다는 것을 의미한다. 예를 들면, 내가 나 자신의 모습(상품 A의 가치, 상대적 가치형태)을 보기 위해서 또는 나의 모습을 표현하기 위해서는 반드시 거울(상품 B, 등가형태)이 필요하다. 거울 없이는 나 자신의 모습을 볼 수도 없고 표현할 수도 없다. 다른 한편 거울은 자신의 모습을 드러내는 것이 아니라 자신을 통해 다른 상대방의 모습을 드러낸다.

상품들의 사회적 관계를 반영하는 '가치'는 현실적인 상품들 사이의 관계에서 분열된다. 즉 상품 A는 자신의 가치 실현이라는 '목적'을 현실화하려는 '주체'의 특성을 갖는 반면에, 상품 B는 상품 A의 가치 실현이라는 목적을 현실화할 수 있는 '수단' 또는 '대상'의 특성을 갖는다. 그럼에도 상품 A와 B는 가치의 동전의 양면을 구성한다는 점에서 상호불가분의 관계에 있다고 할 수 있다. "상대적 가치와 등가형태는 상호 의존하고 상호 제약하는 불가분의 요인들이지만, 그와 동시에 상호 배제하는 또는 상호 대립하는 극단들[즉 가치 표현의 두 극]이다. 이 두 극은 가치 표현에 의해 상호 관련맺는 상이한 상품들 사이로 언제나 나누어진다."(61쪽) 그러나 '목적'으로서의 상품 A와 '수단'으로서의 상품 B의 위치는 나중에 화폐와 자본에 이르러서는 전도된다.

결론적으로 단순한 가치형태의 분석은 다음과 같이 정리된다. "상품 A의 가치는, 질적으로는, 상품 B가 상품 A와 직접 교환될 수 있다는 사실에 의해 표현되고 있으며, 양적으로는, 일정한 양의 상품 B가 주어진 양의 상품 A와 교환될 수 있다는 사실에 의해 표현되고 있다."(77쪽) 다시 말해, "상품 안에 숨어 있는 사용가치와 가치 사이의 내적 대립은 하나의 외적 대립을 통해, 즉 두 상품 사이의 관계——자기 가치를 표현해야 할 한쪽 상품은 직접적으로는 사용가치로서만 여겨지고, 반면에 전자의 가치를 표현해야 할 다른 쪽 상품은 직접 교환가치로서만 여겨진다——를 통해 밖으로 나타난다. 따라서 한 상품의 단순한 가치형태는 그 상품 안에 있는 사용가치와 가치 사이의 대립의 단순한 현상형태"(78쪽)라는 것이다.

그런데 단순한 가치형태는 불충분하다. 왜냐하면 인간의 욕구는 다양하기 때문이다. 그러므로 "단순한 가치형태는 스스로 더 완전한 형태로 옮겨" "무한한 시리즈의 각종의 단순한 가치표현들로 전환된다."(79쪽)

B. 전체적 또는 전개된 가치형태

z량의 상품 A = u량의 상품 B   20미터의 아마포 = 1개의 저

고리

또는＝v량의 상품 C   또는＝10그램의 차

또는＝w량의 상품 D   또는＝40그램의 커피

또는＝기타 등등   또는＝기타 등등

    욕구의 다양성은 다른 여러 상품들과 교환될 수 있도록 한다. 이는 "다른 상품체는 어느 것이나 아마포의 가치를 드러내는 거울로 된다"(80쪽)는 것을 의미한다. "아마포는 자기의 가치형태를 통해 이제는 단 하나의 다른 상품종류와 사회적 관계를 맺는 것은 아니라, 상품세계 전체와 사회적 관계를 맺는다."(81쪽) "아마포의 가치는, 수많은 서로 다른 소유자들에게 속하는 서로 다른 상품들인 저고리·커피·철 등 어느 것으로 표현되든, 그 크기가 언제나 같다."(81쪽) 이를 통해서 보면, 아마포에 들어간 가치의 양이 다른 모든 상품들과 교환될 때, 서로 다른 각각의 상품과 교환될 때마다 수시로 변하는 것이 아니라, 일정하게 불변하다는 사실을 알게 된다. 따라서 상품 소유자 사이의 관계는 수시로 변하는 '우연적 관계'가 아니라 '일정하게 불변한' 아마포의 가치에 따라 이루어지는 '법칙적 관계'라는 것이 명백하게 밝혀진다. 아마포에 들어간 가치의 양에 따라 다른 모든 상품들과 교환된다는 것은 거꾸로 다른 모든 상품들의 가치가 아마포의 가치에 의해 표현된다는 것을 의미한다.

C. 일반적 가치형태

그리하여 위의 가치형태(전체의 또는 전개된 가치형태)는 다음과 같이 변하게 된다.

1개의 저고리

10그램의 차

40그램의 커피

1쿼터의 밀 = 20미터의 아마포

2온스의 금

1톤의 철

x량의 상품 A

기타 등등의 상품

이러한 가치형태는 '일반적 가치형태'이다. 일반적 가치형태 속에서 모든 상품의 가치는 "아마포와 동등한 어떤 상품의 가치도 자기 자신의 사용가치와 구별될 뿐 아니라 모든 사용가치로부터 구별되며" "공통적으로 아마포로 표현된다."(85쪽) 이제 아마포는 상대적 가치형태에서 등가형태의 자리로 옮겨가며, 다른 모든 상품은 상대적 가치형태의 자리로 옮겨간다. 이렇게 해서 상품의 가치는 상품 소유자들끼리 주관적이고 일시적으로 정해지는 것이 아니라, 일정하게 "객관적으로 존재하는" 것이며 "'사회적 존재'에 의거하는 것"이다. 그리하여 "이 객관적 실재는 상품들의 전면적인 사회적 관계에 의해서만 표현될 수 있으며, 따라서 상품들의 가치형태는 반드시 사회적으로 인정되는 형태여야 한다는 것"(85쪽)이다. 이로부터 각기 서로 다른 상품 소유자로서의 개별적 개인은, 즉 상품 관계가 전면화되어 있는 자본주의 사회에서 모든 개인은 로빈슨 크루소처럼 다른 어떤 사람들과도 관계를 갖지 않는 순수한 개별적 개인이 아니라, '사회적 관계'가 이미 내포되어 있는 '사회적 개인'임을 알아챌 수 있다.

이때 '사회적'이라는 말은 다음과 같은 의미이다. 자신의 가치를 표현하기 위해서는 자신과는 질적으로 다른, 즉 자신의 사용가치로서는 절대로 환원할 수 없는 다른 사용가치로서의 상품을 전제하지 않으면 안 된다. 다시 말해, '타자의 타자성(하나의 동일하고 고유한 어떤 특성으로 결코 환원되지 않는 다른 하나의 고유한 특성)'을 전제하지 않으면 안 된다. 따라서 '사회적'이라는 말은 단순히 관계를 가진다는 의미 또는 집단적으로 모여 있다는 의미가 아니라, 나와는 전혀 다른 타인을 전제할 때에만 성립되는 개념이다.

'사회적'이라는 개념은 자신의 동일성(가치 또는 정체성)이 성립하기 위해서는 자신의 동일성으로 환원될 수 없는 타자(인)

만의 고유한 특성을 인정해야만 한다는 것을 내포한다. 그리하여 사회적이라는 말은 관계의 보편성, 객관성("전면적인 사회적 관계")이라는 규정을 갖는다. 이는 온전히 사회적인 것, 보편적인 것, 객관적인 것이 되기 위해서는 '최대 다수의 최대 행복'이라는 동일성으로 환원되지 않는, 또는 그 동일성으로부터 배제되는 소수(자)를 최대 다수가 자신의 가치(정체성, 동일성)의 '전제'로 삼아야 한다는 것을 의미한다. 일반적 가치형태는 이러한 의미의 싹을 자기 자신 안에 내포한다(마르크스에 따르자면, 물론 거꾸로 서 있는 형태로서 말이다). 마르크스는 이러한 '사회적'이라는 말의 의미를 통해 사회주의(공산주의) 개념을 '각기 자유로운 개인들이 서로 연대하는 사회'로 규정했다.

"어떤 한 상품이 (제3형태에서) 일반적 등가형태로 되는 것은, 다른 모든 상품이 그 상품을 그들의 등가물로 선출하여 배제하기 때문이며, 또 그렇게 할 때에 한해서다. 이런 배제가 최종적으로 하나의 특수한 상품종류에 한정되는 그 순간부터, 비로소 상품세계의 통일적인 상대적 가치형태는 객관적인 고정성과 일반적인 사회적 타당성을 획득하게 된다."(89쪽)

이제 아마포는 "자기의 현물형태가 사회적 등가형태로 여겨지는" "화폐상품으로 된다. 다시 말해, 화폐로 기능한다."(89쪽) 그리고 이러한 화폐상품은 "사회적 관습에 의해 최종적으로

상품 금이라는 특수한 현물형태와 같게 되었다."(90쪽)

화폐는 어떻게 신의 속성을 가지는가

화폐는 상품들의 교환을 원활하게 하는 유통 수단으로서 상품의 '가치'를 표현해주는 일반적인 등가물인데, 상품과는 전혀 별개의 것이 아니라 여러 상품들 속에서 선택된 하나의 특수한 상품이다. 무한한 인간관계 맺음의 가능성을 지닌 시장의 특성을 통해 인간들의 욕구는 점점 다양해졌다. 다양해진 욕구를 충족시키기 위해 상품 교환(유통)이 빠른 시간 안에 손쉽고도 효율적으로 일어나야 한다. 이러한 등가물이 바로 금속 상품들이었다. 그런데 금속 상품 중에서 금(金)이 일반적 등가물, 즉 화폐의 역할을 했다.

금은 아주 적은 양의 가치도 표현할 수 있을 만큼 잘게 자를 수 있으며, 어떠한 환경 속에서도 철처럼 녹슬지 않는 등 자신의 본성을 잃지 않는 내구성을 가지고 있고, 아주 많은 양의 가치도 적은 양으로 나타낼 수 있기 때문에 모든 상품의 가치를 표현해주는 보편적인 등가물 역할을 했다. 이제 금이 없으면 상품을 사고 팔 수 없게 되었다. 상품이 금을 획득하지 못하면 그 상품은 아무 쓸모 없는 것이다. 이제 화폐로서의 금은 상품들 간의 관계를 이리저리 맺어주고 상품의 생존(유용성)을 쥐

락펴락하는 역할을 하게 된다. 마치 신이 세계의 모든 만물을 자기 마음대로 할 수 있는 것처럼, 그리고 그 신의 판단을 우리 삶의 가치판단의 기준으로 삼는 것처럼. 화폐로서의 금은 이제 동전, 지폐 또는 여러 신용 화폐들(수표, 어음, 신용카드 등)로 바뀌었다. 그래서 오늘날 자본주의 사회의 특성 중 하나인 황금만능주의니 물신 숭배니 하는 말이 생겨난다. 일명 돈으로서의 화폐는 가격을 나타내는데, 그 가격의 단위는 금속의 질량 단위가 대부분이다.

그런데도 화폐 상품으로서의 금이 신비한 특성을 지닌 신적인 것으로서 우리 눈에 보이는 것은 무엇 때문일까? 화폐로서의 금의 이러한 신비한 특성은 이미 상품형태 속에서 시작된다. "상품형태의 신비성은, 상품형태는 인간 자신의 노동의 사회적 성격을 노동생산물 자체의 물적 성격[즉 물건들의 사회적인 자연적 속성]으로 보이게 하며, 따라서 총노동에 대한 생산자들의 사회적 관계를 그들의 외부에 존재하는 관계[즉 물건들의 사회적 관계]로 보이게 한다는 사실에 있을 뿐이다. 이와 같이 바꾸어놓는 것에 의해 노동생산물은 상품으로되며, 감각적임과 동시에 초감각적 [즉 사회적] 물건으로 된다."(93쪽)

상품, 더 나아가서 화폐의 이러한 신비성은 철학적으로 경험론의 세계관으로부터 기인한다. 경험론의 세계관에 따르면, 우리가 감각적으로 경험하는 것은 그 자체로 우리의 감각 경험 바깥에 '독립적이고 자연적인(우리의 감각 경험으로부터 얻어진 데이터 또는 그 데이터에 대한 관념들을 우리의 인식 주관이 이렇게 저렇게 인위적으로 구성한다는 의미와 반대되는 의미에서)' 객관이 그대로 반영(또는 모사)되는 것이다. 그런데 우리의 감각 경험으로부터 얻어진 데이터 또는 그 데이터에 대한 관념들을 우리의 인식 주관이 이렇게 저렇게 인위적으로 구성한다는 의미 또한 경험론의 한계(객관이 그 자체로 존재한다는 것을 어떻게 증명할 수 있는가와 관련해서 경험론은 증명하지 못한다)로부터 나타난 또 다른 경험론의 특성이다. 그리하여 조지 버클리(George Berkeley, 1685~1753)의 경험일원론(인간이 경험하고 지각한 대로 그렇게 이 세계가 존재함)이 등장했다.

다른 한편 경험론의 세계는 기계적 세계이다. 다시 말해, 감각 경험에 의해서 주어진 데이터들이 서로 관계가 없는 순수하게 단순하고 개별적인 것인데, 이 개별적인 것들이 시공간의 변화에 따라 기계의 부속품처럼 이러저러하게 결합되거나 분리될 수 있는 세계이다. 그리고 이러한 결합과 분리는 특정한 시공간 속에서 나타나는 개별적인 것들의 공통적인 것에 의해 이루어지는데, 이 공통적인 것은 필연적인 것이 아니라 우연적이거나 개연적인 것이다.

이 경험론의 세계관에 의하면, 우리가 감각적으로 경험하는 현실, 즉 상품들 사이의 사회적 관계(상품들이 서로 시장에서 교환되는 것)는 우리의 눈에 상품의 가격을 통해 이루어지며, 그 가격은 화폐(돈)로 표현된다. 화폐로 표현되는 상품의 가격은 모든 상품 속에 들어 있는 '가치'의 양을 나타내는데, 이로부터 모든 상품의 공통적인 것이 '가치'라는 것을 추론할 수 있다. 이와 관련해 마르크스는 다음과 같이 말했다. "상품가격의 분석을 통해서만 가치량의 결정이라는 문제가 제기되었고, 모든 상품들이 공통적으로 화폐로 표현되고 있다는 사실을 통해서만 상품=가치라는 성격이 확정되었다."(98쪽) 여기서 다음과 같은 등식을 발견할 수 있다.

[가치=가치량=화폐]

이때 상품의 가치는 인간의 노동생산물로서 사회적 관계를 내포하는 '인간 노동 일반'으로 드러나지 않는다. 왜냐하면 '가치=가치량'인데, 가치량은 예를 들어 '20미터의 아마포'에서 20미터에 해당하며, 이는 인간의 노동이 들어가 있다는 사실과 무관하게 아마포의 자연적·물질적 속성과 직접 관련 있는 아마포라는 물질의 단위량이기 때문이다. 지금까지 우리가 논

의한 내용들을 마르크스는 다음과 같이 정리하고 있다.

"생산자들이 교환할 때 먼저 실제로 관심을 갖는 것은 자기 생산물이 타인의 생산물을 얼마만큼 얻을 수 있는가, 즉 어떤 비율로 생산물들이 교환되는가다. 이 비율이 관습에 의해 어느 정도의 안정성을 얻게 되면, 그 비율은 노동생산물의 본성에서 나오는 것처럼 보인다. 그리하여 예컨대 1톤의 쇠와 2온스의 금이 가치가 같다는 것은, 1그램의 금과 1그램의 쇠가 물리적·화학적 속성의 차이에도 불구하고 같은 무게를 가진다는 사실처럼 자연스럽게 생각한다. 노동생산물의 가치성격은 노동생산물들이 가치량으로서 상호 작용할 때 비로소 분명해진다. 왜냐하면 이 가치량은 교환자들의 의지·예견·행위와는 무관하게 끊임없이 변동하기 때문이다. 사회 안에서 교환자들 자신의 운동은 그들에게는 물건들의 운동이라는 형태를 취하는데, 그들은 이 운동을 통제하는 것이 아니라 도리어 그 운동에 의해 통제되고 있다. (서로 독립적으로 수행하면서도 사회적 분업의 자연발생적 일환으로 전면적으로 상호의존하고 있는) 모든 종류의 사적 노동이 사회가 요구하는 양적 비율로 끊임없이 조정된다는 과학적 인식이 경험 자체로부터 생기기 위해서는, 상품생산이 완전히 발전해야 한다. 위와 같은 조정이 이루어지는 이유는, 생산물들 사이의 우연적이고 끊임없이 변동하는 교환관계 중에서, 생산물의 생산에 사회적으로 필요한 노동시간이 [마치 우리 머리 위로 집이 무너져내릴 때의 중력의 법칙과 같이] 규제적인 자연법칙으로서 자기 자신을 관철시키기 때문이다."(97쪽) "주기적인 공황을 통해서만 자기를 관철시킬 수 있는 법칙을 우리는 어떻게 생각해야 하는가? 그것은 당사자들의 의식과 무관한 자연법칙에 지나지 않는다."[15]

경험론적인 세계관은 상품관계 속에 들어 있는 본질적인 것, 즉 '추상적 인간 노동 일반'과 이 노동 일반에 내재되어 있는 사회적 관계들을 보려 하지 않는다. 왜냐하면 경험론적 세계관은 불변적이고 본질적인 것이 아니라, 끊임없이 변화하는 감각적인 현실에만 주목하기 때문이다. 끊임없이 변화하는 현실에 주목하는 경험론적 세계관에 따르면, 중요한 것은 상품 그 자체, 즉 아마포, 쇠, 금, 저고리 등 자체가 아니라 그것들이 교환되는 가치량이다. 가치량은 시공간적으로 끊임없이 변화하는 우연적인 것이기 때문이다. 그러므로 경험론적 세계관은 'x량의 아마포·y량의 쇠'라는 교환형태 속에서 아마포나 쇠 자체에 주목하는 것이 아니라 x량이나 y량, 예를 들어 20미터, 1톤이라는 자연적인 단위로서의 양(量) 자체에 주목한다. 자연

---

15 프리드리히 엥겔스, 『국민경제학비판대강』, 아르놀트 루게(Arnold Ruge)와 카를 마르크스가 편집한 《독불연보》, 파리, 1844년.

적인 단위로서의 양은 교환자들의 의지·예견·행위 등의 결정체인 '인간 노동'과는 무관하다.

그런데 이 양은 교환되는 상품들의 질적이고 물리적인 성질에 따라 그 단위가 다르다. 그렇기 때문에 교환을 위해서는 서로 다른 질적인 단위들 사이의 공통적인 것을 찾아야만 한다. 이 공통적인 것은 사용가치로서의 상품의 물질적 속성과 불가분의 관계에 있는 것으로서 오랜 시간을 거쳐 (위에서 설명했던 것처럼 화폐상품으로서의) 금의 무게 단위가 되었을 것이다. 그런데 이 공통적인 것 또한 필연적으로 결정된 것이 아니라 시공간적으로, 즉 사회 역사적으로 우연하게 결정된 것으로 보인다. 그리고 이 무게 단위는 시공간적인 현실에 따라 달러, 파운드, 펜스, 실링, 원 등으로 나타나는데, 이는 모두 동일하게 금의 무게량을 환산하는 단위였다. 이렇게 하여 상품들이 교환되는 가치량의 공통적인 단위가 결정되고 이 단위를 가장 잘 표현해줄 수 있는 화폐상품으로서 금이 결정되었다 볼 수 있다. 그러므로 모든 상품들의 가치량을 표현해줄 수 있는 공통적인 것으로서 금의 가치량은 모든 상품 속에 내재해 있는, 그리고 모든 상품들의 가치량을 결정해주는 '자연법칙(이 자연법칙은 근대의 범신론(근대 기독교)에 따르면 신과 동일한 것이다)'과 같은 것으로 나타난다. 이와 관련해 『자본론』의 방법만을 논평했던 카우프만(I. I. Kaufman)은 다음과 같이 말했다. "어떤 사람은, 경제생활의 일반법칙은 현재에 적용되든 과거에 적용되든 동일하다고 말할 것이다. 바로 이것을 마르크스는 부인한다. 그에 따르면, 그런 추상적 법칙은 존재하지 않는다." "종래의 경제학자들은 경제법칙을 물리학·화학의 법칙과 동일시함으로써 경제법칙의 성질을 잘못 이해했던 것이다."(카우프만, 「제2독어판 후기」, 17~18쪽) 그리고 여기에는 상품 소유자로서 인간들의 어떠한 사회적 관계 내용도 포함되어 있지 않다.

다른 한편 경험론적인 세계관 특히 버클리의 경험일원론적인 세계관에 따르면, 상품들이 교환되는 가치량은 금의 가치량과 동일할 수밖에 없다. 왜냐하면 버클리의 경험론에 따르면 '우리 주관 밖의 객관 세계는 우리 주관이 지각(인식)한 대로 존재할 수밖에 없'기 때문이다. 즉 버클리에 따르자면, 우리가 지각(인식)한 금의 가치량에는 모든 상품 세계의 가치량이 그대로 반영되어 있어야 한다. 애덤 스미스의 고전 경제학적인 측면에서 말하자면, 노동가치(생산가격) = 가격(시장가격)이어야 한다.

그런데 경험론적인 세계관에 기초한 스미스에게서 '노동가치'는 이러한 '가치량'과 어떠한 관계에 있는가? 경험론적인 세계관에 따르면, 가치량은 인간의 주관으로부터 독립해 있는 자연법칙과 같은 객관 세계이며, 노동가치는 이 객관 세계를 인간 주관이 그대로(수동적으로) 반영한 결과물이다. 그리하여 가치량은 노동가치보다 '우선하는' 것, 즉 노동가치의 전제, 근거, 척도가 된다. 물론 버클리의 경험론에 따르면 이 둘의 관계는 역전된다. 즉 노동가치가 가치량보다 우선하는 것으로서 가치량의 전제, 근거, 척도가 된다. 이때 노동가치는 '물질적인 것이 단 한 개도 들어가 있지 않은' 정신적인 것이 되는데, 이 정신적인 것은 데카르트의 '생각하는 나(코기토)'와 유사하다. 이렇게 노동가치(가치)와 가치량(교환가치)을 직접적으로 일치시키면, 우연적이고 주관적이며 특수한 것으로서의 가치량이 어떠한 해명도 없이 자연법칙과 같은 절대적으로 필연적이며 보편적이고 객관적인 것으로 신비화된다. 또한 시장에서 자본가가 구매하는 또는 자본가에게 판매되는 노동자의 노동은 그 자체로 판매될 수 없다. 왜냐하면 노동 그 자체는 비물질적이고 정신적인(추상적인) 것이기 때문에, 노동 그 자체(가치)가 판매되기 위해서는 자기 자신과 일치될 수 없는 자연적이고 물질적인 것(교환가치)으로 현상되어야 한다. 다시 말해, 노동 그 자체가 가치량으로 표현되기 위해서는 물질적으로 소비될 수 있는 '노동력'이 되어야 하며, 이 노동력은 '노동시간'이라는 가치량으로 표현된다. 이는 다른 모든 상품이 자신의 물리적 속성에 따라 x량, y량 등의 가치량으로 표현되는 것과 마찬가지다. 그러므로 애덤 스미스의 경험론적 세계관에 따르면, '노동＝가치량'이 아니라 '노동력＝가치량'이 되어야 한다. 이러한 것들은 모두 변증법적으로 가치형태의 발전(전개) 과정을 고찰하지 않고서는 결코 드러나지 않는다. 이와 관련해 마르크스는 다음과 같이 말하고 있다.

"정치경제학은 가치와 가치량을 비록 불완전하기는 하지만 분석했고, 이런 형태들 속에 숨어 있는 내용을 발견했다. 그러나 정치경제학은 어째서 이 내용이 그런 형태를 취하는가, 즉 어째서 노동이 가치로 표현되며, 그리고 어째서 노동시간에 의한 노동의 측량이 노동생산물의 가치량으로 표현되는가 하는 질문을 한 번도 제기한 적이 없었다."(103~105쪽)

위의 일치와 관련한 철학적 문제는 헤겔의 변증법적 세계관에 의해 해결될 수 있다. 즉 경험론적 세계관의 한계로부터 나타난 문제는 버클리의 경험일원론을 거쳐 데카르트의 합리론으로, 그리고 합리론의 최고 정점에 있는 헤겔의 변증법에 의해 해결된다는 것이다. 그리고 헤겔의 변증법은 『자본론』의 「제1장 상품」에서 상품과 가치에 대한 분석과 이에 기초한 가치형태의 발전(전개) 과정을 통해 잘 드러나고 있다. 즉 '단순한, 개별적인 또는 우연적인 가치형태 → 전체적 또는 전개된 가치형태 → 일반적 가치형태 → 화폐형태'의 전개 과정을 통해 잘 드러난다. 헤겔 변증법에서 절대정신은 물질적이고 자연적인 것을 통해 자신을 드러내는데, 처음에는 '개별적인 모습(개별)'으로, 그 다음에는 '일반적인 모습(특수)'으로 마지막에는 '절대적으로 보편적인 모습(보편)'으로 전개된다. 이렇듯이 헤겔 변증법은 위의 가치형태의 전개 과정과 거의 등치된다.

이를 통해 마르크스는 자신이 사회운동을 자연사적 과정과 법칙에 따르는 것으로 보고 있다고 말한다. 이는 경험론적 세계관이나 합리론적 세계관 어느 쪽의 세계관으로 보지 않고, 제3의 세계관으로 본다는 것을 뜻한다. 그것이 바로 변증법적 세계관이며, 이 변증법적 세계관의 핵심을 헤겔이 잘 보여준다는 것이다. "마르크스는 사회의 운동을, 인간의 의지·의식·의도와는 독립해 있을 뿐 아니라 오히려 인간의 의지·의식·의도를 결정하는 법칙이 지배하는, 하나의 자연사적 과정이라고 본다."(카우프만, 「제2독어판 후기」, 17쪽) "경제적 사회구성체의 발전을 자연사적 과정으로 보는 내 관점에서는, 다른 관점과는 달리, 개인이 이런 관계들에 책임이 있다고 생각하지 않는다. 또한 개인은 주관적으로는 아무리 이런 관계들을 초월하고 있다고 하더라도, 사회적으로는 여전히 그것들의 산물이다."(카우프만, 「제1독어판 서문」, 6~7쪽)

결론적으로 말해, 마르크스는 「제1장 상품」에서 (애덤 스미스나 데이비드 리카도와 같은 고전 경제학이 근거하고 있는) 경험론적 세계관의 한계(이 한계로 인해 합리론적 세계관이 성립한다) 또는 불충분함을 제1절 '상품의 두 요소: 사용가치와 가치' 그리고 제2절 '상품에 포함되어 있는 노동의 이중성'을 통해 비판적으로 고찰하고 있다. 이러한 불충분함의 내용은 상품의 가치인 인간의 노동('추상적인 인간 노동 일반')을 그 속에 내포된 사회적 관계를 포함한 사회적 노동으로 보지 못하고, 사회적 관계가 배제된 로빈슨 크루소와 같은 순수한 개별적 개인의 노동으로만 본 것이다. 그러나 이 세계에 대한 분석의 출발점은 우리가 지금 경험하는 세계(상품의 세계, 자본주의 관계의 세계)일 수밖에 없다는 경험론적 세계관을 긍정적으로 받아들이고 있다. 이는 마르크스가 일정 정도 스미스와 리카도의 고전 경제학을 높이 평가하는 것(모든 부의 근원은 인간의 노동이라는 노동가치설)을 보면 알 수 있다.

그리고 상품의 교환관계 속에서 드러난 상품의 이중적 요소, 즉 상품 속에 들어 있는 대립·모순되는 요소들이 가치형태가 점차 발전(전개)하는 과정 속에 어떻게 발전하며, 결국에는 화폐라는 상품이 어떻게 물신적 특성을 지니게 되는가를 비로소 헤겔 변증법을 통해 제3절 '가치형태 또는 교환가치' 그리고 제4절 '상품의 물신적 성격과 그 비밀'에서 잘 서술하고 있다. 또한 '(순수한) 개별→일반(특수)→보편'의 전개 과정을 보여주는 헤겔 변증법에서의 출발점인 '(순수한) 개별'과 등치될 수 있는 스미스나 리카도의 추상물인 '순수한 개별적인 인간의 노동'이 우리가 경험하고 있는 상품 세계의 관계를 분석한 결과물이며, 이 결과물로부터 헤겔 변증법의 절대정신의 신비한 베일이 벗겨져 구체적인 자기 모습을 드러낼 수 있음을 암시적으로 보여주고 있다. 다시 말해, 모든 계기에 대한 총체적인 내용을 자기 자신 속에 담고 있는 결과물로서의 절대정신의 구체적인 자기 모습은 그 출발점 또한 아직도 계기에 대한 어떠한 내용도 담지 못한 감각적 경험의 대상으로서의 구체적인 것이다. 이를 통해 마르크스는 "헤겔에게는 변증법이 거꾸로 서 있다"(19쪽)고 말하고 있다.

1장에서의 이러한 변증법적 체계를 통해『자본론』전체 체계 구성에 대한 마르크스의 의도가 '노동, 분업, 욕망, 교환가치 등과 같은 단순한 것(단순한 계기를 포함하고 있는 것)에서 국가, 제 국민 간의 교환, 세계시장과 같은 복잡한 것(총체적 계기를 포함하고 있는 것)으로 나아갈 것'이라는 점을 미루어 짐작해볼 수 있다.

제1편 제3장 화폐 또는 상품 유통

물신으로서 우리 눈을 현혹하는 화폐는 어떻게 기능할까

여기서 우리가 화폐의 기능을 살펴보는 이유는 물신으로서 화폐의 수수께끼를 좀 더 풀기 위해서다. 다시 말해, 먼저 자본주의 경제 체제에서 화폐 자체가 초역사적이고 신비한 자연적인 그 무엇이 아니라 지극히 역사적이고 특수한 사회적 관계라는 것을 보여주기 위해서다. 다음으로 상품→화폐→자본으로 전개되는 과정에서 화폐가 자본의 신비한 수수께끼를 풀어나가는 중간 단계임을 보여주기 위해서다. 마지막으로 우리 눈을 현혹하는 '상품의 가격(화폐의 현상형태)'이 어떻게 상품의 가치인 '추상적 인간 노동 일반'으로부터 설명될 수 있는가를 설명하기 위해서다.

마르크스는 "설명을 간단하게 하기 위해 금을 화폐 상품이라고 전제한다"고 말하면서 화폐의 기능을 고찰한다.

① "금의 첫째 기능은 상품세계에 그 가치표현의 재료를 제공한다는 점이다." 겉으로 보기에 모든 상품은 자신의 가치를 금(화폐)의 일정한 양으로 표현하는 것으로 보인다. 그러나 금의 일정량 때문에 "상품들이 같은 단위로 측정될 수 있는 것이 아니라 그 반대다. 모든 상품이 가치로서는 대상화된 인간

노동이고 따라서 그 자체가 같은 단위로 측정될 수 있기 때문에, 모든 상품의 가치는 한 개의 특수한 상품에 의해 공동으로 측정될 수 있으며, 또 그렇게 함으로써 이 특수한 하나의 상품이 자기들의 공통적인 가치 척도 즉 화폐로 전환될 수 있는 것이다. 가치 척도로서의 화폐는 상품들에 내재하는 가치 척도[즉 노동시간]의 필연적인 현상형태다."(122쪽)

그런데 화폐로서의 금은 상품가치를 표현해주는데, 상품의 가치는 손으로 잡을 수 있는 물체 형태를 띠지 않는다. 그러므로 상품의 가치의 현상형태인 "상품의 가격 또는 화폐형태는" "순전히 관념적인 또는 개념적인 형태다."(124쪽) 따라서 "화폐는 가치척도의 기능에서는 다만 상상적인 또는 관념적인 화폐로서만 작용한다."(125쪽) (머릿속에서 일어나는) 화폐의 관념적인 또는 개념적인 기능은 모든 상품들의 유통을 가능하게 만든다. 그러나 화폐로서의 금은 관념적인 또는 개념적인 형태로만 머물 수가 없다. 상품들의 실제 유통과정에서 자신의 물질적인 형태를 드러내야만 모든 상품들의 왕(王)임을 온 천하에 공표할 수 있기 때문이다. 이는 헤겔의 절대정신이 현실의 구체적인 객관을 통해 자신의 보편성을 현현(顯現)할 수 있다는 것과 직결된다.

② 이렇게 해서 화폐(금)는 모든 상품들을 유통시키는 중심

역할을 한다. 그런데 이 상품 유통에서는 물물교환에서와 같이 판매와 구매가 동시에 일어나지 않는다. 이는 곧 과잉 생산으로 인한 공황의 가능성을 잠재적으로 내포하고 있음을 의미한다. 물물교환에서는 판매와 구매가 즉시 일어나기 때문에 판매와 구매(또는 공급과 수요)가 필연적으로 균형을 이룬다. 이는 스미스와 리카도가 꿈꾸던 이상적인 경제 형태였고, 이러한 이상적인 경제 형태를 상품 경제 형태가 그대로 이어받을 것이라고 생각했음을 보여준다. 즉 자본주의 경제를 물물교환 경제와 동일한 것으로 보았다는 것이다. 여기서는 경제 불황이나 공황이 일어날 수가 없다.

상품 유통에서는 판매와 구매가 물물교환(상품1-상품2, C1-C2)처럼 동시에 이루어지는 것이 아니라 각기 따로 이루어진다. 즉 상품을 팔아 화폐를 소유하게 된 사람이 바로 다른 상품을 구매할 필요가 없다. 물물교환에서는 판매와 구매라는 대립·모순이 교환 속에서 종합·통일되어 해소된다. 그러나 상품 유통에서 물물교환에서의 종합·통일이 상품1-화폐(C1-M)와 화폐-상품2(M-C2)로 다시 분열된다. 이는 "상품 탈바꿈의 대립"으로서 상품에 내재했던 "사용가치와 가치의 대립, 사적 노동이 동시에 직접적으로 사회적인 노동으로서 표현되어야 한다는 모순, 특수한 구체적 노동이 동시에 추상적 일반적 노동으로서만 인정된다는 모순"과 "대립"이 "운동 형태를 전개한다." "따라서 이런 형태들은 공황의 가능성을, 그러나 오직 가능성만을 암시하고 있다."(148쪽) 예를 들어 저고리를 팔아 화폐를 가진 저고리 생산자가 즉시 신발을 사지 않고 화폐를 일정 기간 동안 가지고 있다면, 신발 생산자는 신발을 팔 수 없어 창고에 쌓아두다가 도산할 수 있다는 것이다.

다른 한편, 화폐로서의 금의 관념성은 자신의 물질성을 드러내야만 하는데, 상품들의 유통량이 커짐에 따라, 또한 금이 가지고 있는 자신의 물질적 마모에 따라 자기를 대신할 대리자를 내세운다. 즉 시간이 지남에 따라 늘어나는 상품의 양을 표현할 수 있는 금의 양이 부족해지고, 또한 1그램의 금이 마모되어 1그램이 안 되더라도 여전히 1그램의 금으로 유통됨에 따라 다른 재료로 만든 주화(동전)나 지폐로 대체될 가능성을 가지고 있다. 금의 관념성은 자신의 물질적인 사용가치를 표현해주는 대리자를 내세우는 것인데, 이는 헤겔의 절대정신이 자신을 현현하기 위해 인간의 이성을 대리자로 삼는 것(이성의 간지)과 직접 연결된다고 할 수 있다. "그리하여 가격[즉 상품의 가치가 관념적으로 전환되어 있는 금량]은 이제 금의 도량표준의 화폐 명칭[또는 법률상 유효한 계산 명칭]으로 표현된다."(130쪽)

③ 화폐는 모든 상품을 구매할 수 있는 사회적 힘을 가지기 때문에 부의 퇴장(또는 축장) 수단으로 기능한다. 화폐로서의 금은 그 수량이 제한되어 있기 때문에 "제1탈바꿈의 산물[즉 상품이 전환된 모습, 다시 말해, 금]을 확보하려는 필요성과 열망이 발생한다. 그리하여 상품은 상품을 구매하기 위해서가 아니라 상품형태를 화폐형태로 바꾸기 위해 판매된다. 이런 형태변환은 물질대사를 매개하는 수단이 아니라 그 자체가 목적으로 된다." "화폐는 퇴장화폐로 화석화되며, 상품판매자는 화폐퇴장자가 된다."(169쪽)

그런데 화폐를 그 자체 목적으로 삼는 배금주의(拜金主義)는 곧 중상주의(重商主義)의 신봉자가 된다. 중상주의가 한때 유행하던 시기에 유럽의 각국들은 금 모으기에 혈안이 되어 있었다. 그러나 금을 많이 모은다고 해서 나라가 부강해지는 것은 아니었다. 왜냐하면 금과 교환할 수 있는 상품들이 제한되어 있었기 때문이다. 오히려 더 가난해지는 나라도 있었다. 그래서 애덤 스미스는 이러한 중상주의를 역사적 사례를 들어가며 비판했던 것이다.

④ 외상 거래나 신용 거래(어음이나 은행권)는 상품 구매자가 채무자가 되게 하고 상품 판매자를 채권자가 되게 한다. 이때 채무자가 채권자에게 화폐로 채무를 청산한다. 화폐의 퇴장(축

장)은 채무를 청산하게 해준다. 그리하여 화폐는 지불 수단으로 기능한다.

⑤ **퇴장**(축장) 수단의 기능과 지불 수단의 기능을 지닌 화폐는 국내의 상품을 넘어서서 세계의 모든 상품을 구매하도록 해준다. 그리하여 화폐는 "국내 유통 분야의 범위를 넘어서자마자 가격의 도량표준이나 주화·보조화폐·가치상징 등의 국민적 복장을 벗어버리고 원래의 귀금속 덩이 형태로 되돌아간다. 세계무역에서는 상품은 자기 가치를 세계적 차원에서 전개한다. 그러므로 상품의 독립적 가치형태도 세계화폐로서 상품에 대립한다. 세계시장에서 비로소 화폐는 [그 현물형태가 추상적 인간 노동의 직접적으로 사회적 화신인] 상품의 성격을 완전히 발휘하게 된다. 화폐의 존재양식이 이 개념에 부합하게 된다."(184쪽) "세계화폐는 일반적 지불수단, 일반적 구매수단, 그리고 부 일반의 절대적·사회적 체현물로 기능한다."(186쪽) 이렇게 해서 화폐의 관념성이 완전하게 금이라는 자신의 물적 형태로 등장한다. 즉 일치하게 된다. 그리하여 제3절을 '화폐'로 따로 떼어내어 서술한 것이다.

화폐는 어떻게 자본으로 변신하는가

제2편 화폐의 자본으로의 전환

제4장 자본의 일반 공식

"상품유통은 자본의 출발점이다." "상품유통의 소재적 내용[즉 각종 사용가치의 교환]을 무시하고, 오직 이 유통과정이 낳는 경제적 형태만을 고찰한다면, 우리는 이 과정의 최후 산물로 화폐를 발견하게 된다. 상품유통의 이 최후 산물은 자본의 최초의 현상형태다."(191쪽) 이는 자본이 유통으로부터 나오지 않지만, 또한 유통으로부터 나온다는 것을 의미한다. 화폐는 단순한 유통 수단으로 남거나 아니면 유통과정에서 자본으로 변신한다.

전자는 화폐가 단순한 화폐로서 유통되는 경우로서 'C-M-C(상품-화폐-상품)'의 공식으로 나타난다. 여기에서 "화폐는 끝에 가서 상품으로 전환하고, 이 상품은 사용가치로 소비된다. 따라서 화폐는 영원히 써버린 것이다."(194쪽) 유통 C-M-C에서 즉 물신(物神)으로서의 화폐는 영원히 사라져버린다. 그리하여 이 물신은 더 이상 신적인 존재가 아니라 (보편적인 것이 아닌) 개별적이고 우연적인 사물이나 현상에 지나지 않는다. 즉 경험론적인 세계관에 따르면, 이것은 잠시 있다 사라지는, 시공간적으로 지금 여기에 한정되는 감각 경험적인 현상에 지나지 않는다는 것이다. 이것은 이제 우리의 사고의 대상이 되지 못한다. 왜냐하면 존재하지 않기 때문이고, 존재하지 않은 것에 대해서는 더 이상 생각할 수 없기 때문이다.

후자는 화폐가 자본으로서 유통되는 경우로서 'M-C-M(화폐-상품-화폐)'의 공식으로 나타난다. 여기에서 화폐는 소비된 것이 아니라 자기 자신으로 다시 되돌아온다. "순환 M-C-M은 화폐의 끝에서 출발하여 최후에는 동일한 화폐의 끝으로 돌아간다." 그러나 시작점의 화폐액과 종착점의 화폐액의 '양적 차이'가 없으면 이 순환은 아무 의미가 없다. 이 순환의 목적은 "소비[욕구의 충족], 한 마디로 말해 사용가치가" 아니라 "교환가치 그 자체다."(195쪽) 다시 말해, 이 순환의 목적은 더 큰 화폐의 획득, 또는 가치증식(價値增殖, valorisation)이다. 예를 들어 "내가 100원으로 2,000파운드의 면화를 구매하고 이 2,000파운드의 면화를 다시 110원에 판매"해 "100원을 110원과, 즉 화폐를 화폐와 교환한"(192쪽) 것이다. 이 순환 "화폐는 오직 가치증식과정을 다시 시작하기 위해 그 과정을 끝내고 있다. 그러므로 각 순환의 최종 결과는 그 자체가 하나의 새로운 순환의 출발점을 이룬다." "자본으로서 화폐의 유통은 그 자체가 목적이다. 왜냐하면 가치의 증식은 끊임없이 갱신되는 이 운동의 내부에서만 일어나기 때문이다. 그러므로 자본의 운동에는 한계가 없다."(198쪽)

자본으로서의 화폐의 유통은 헤겔 변증법의 유물론의 성격을 잘 드러내는 것이라 할 수 있다. 이 유통과정은 헤겔 변증법의 절대정신이 자기 자신으로 귀환하는 과정을 그대로 나타냄으로써 헤겔 절대정신의 신비한 특성을 벗겨내버리기 때문이다. 그리고 이를 통해 헤겔 변증법이 질적 변화가 아니라 양적 변화의 변증법이라는 것을 알 수 있으며, 끝이 있는 폐쇄적인 과정이 아니라 끝이 없는 악무한적인 과정임을 엿볼 수 있다. 또한 이 악무한적 과정 때문에 '인간의 욕심은 끝이 없다'

는 것은 '자연적인 사실'이 아니라 자본주의 시대의 한 이데올로기라고 할 수 있다. 마르크스에 따르면, 이 악무한의 계열을 단절시키는 것은 이 계열에서 빠져나오는 노동력의 소유자인 노동자계급의 의식적인 실천 활동이다.

"M-C-M[자본의 유통]에서" "가치는" "스스로 발전하며 스스로 운동하는 하나의 실체로 갑자기 나타난다." "가치는 이제 상품들의 관계를 표현하는 것이 아니라 이를테면 자기 자신과 사적인 관계를 맺는다. 가치는 최초의 가치인 자기 자신과 잉여가치인 자기 자신을 구별한다. 이것은 성부가 자기 자신을 성자인 자기 자신과 구별하는 것과 마찬가지다. 비록 아버지와 아들은 둘 다 나이가 같고 또 실제로는 둘이 한 몸이지만, 왜냐하면 10원이라는 잉여가치로 말미암아 최초에 투하한 100원이 비로소 자본이 되며, 또 100원이 자본으로 되자마자 [즉 아들이 생기고 아들로 말미암아 아버지가 생기자마자] 둘의 구별은 다시 사라져버리고 둘은 하나, 즉 110원으로 되기 때문이다." 그러므로 M-C-M은 M-C-M′이 된다. 그리하여 "M-C-M′은 유통 분야에서 자본이 취하는 자본의 일반공식이다." 그런데 C를 빼버린 축약된 형태인 "M-M′, 즉 '화폐를 낳는 화폐' 이것은" "자본의 최초의 해설자인 중상주의자들이 자본을 묘사한 말이다."(202~203쪽)

제5장 자본의 일반 공식에서의 모순

그러나 교환과정에서는 상품이 화폐로 전환하고 화폐가 상품으로 전환하는 형태상의 변화가 있을 뿐이고 가치량에는 변화가 없다. 왜냐하면 이 과정이 "순수한 형태로 진행된다면 등가물끼리의 교환임에 틀림없"기 때문이다. 물론 "상품은 그 가치에서 벗어난 가격으로 팔릴 수도 있지만, 이런 차이는 상품교환법칙의 위반으로 나타난다. 상품교환은 그 순수한 형태에서는 등가물끼리의 교환이고, 따라서 가치증식의 수단이 될 수 없다."(207~208쪽) 즉 교환과정에서는 잉여가치가 발생하지 않는다는 것이다.

그러면 잉여가치의 발생, 즉 가치증식은 어디에서 발생하는 것일까? 유통과정(상품교환 과정)의 내부에서는 발생할 수 없으니, 그 외부에서는 가능한 것일까? 결론적으로 말하자면 그 외부에서도 발생할 수 없다. 왜냐하면 그 외부에서 상품 소유자는 오직 자기 자신의 상품과 관계를 맺을 뿐이기 때문이다. 즉 유통과정 내부에서 자신의 상품을 팔지 못한다면 그저 자신의 상품을 사용가치로서 소비할 수밖에 없기 때문이라는 것이다. "자본은 유통에서 생길 수도 없고, 또 유통의 외부에서 생길 수도 없다. 자본은 유통에서 생겨야 하는 동시에 유통의 외부에서 생겨야 한다." 즉 "화폐소유자는 상품을 그 가치대로 사서 그 가치대로 팔아야 하는데, 그러면서도 과정의 끝에 가서는 자기가 처음 유통에 던져넣은 것보다 더 많은 가치를 유통에서 끌어내지 않으면 안 된다. 그가 나비로 성장하는 것, 즉 완전한 자본가가 되는 것은 반드시 유통영역에서 일어나야 하며, 또 그러면서도 유통영역에서 일어나서는 안 된다. 이것이 바로 문제의 조건이다. 여기가 로도스 섬이다. 자, 여기서 뛰어보라!"(218~219쪽)

제6장 노동력의 구매와 판매

화폐의 가치 변화, 즉 자본(화폐의 증식된 형태로의 자기 귀환)은, 이해하기 쉽게 말하자면, 거시적 수준에서는 유통의 내부, 외부에서 발생할 수 없고, 미시적 수준에서 유통의 내부, 외부에서 발생할 수밖에 없다. 유통과정 전체 '내'에서는 상품의 '가치'만이 등장할 뿐이고, 그 가치량에 따라 등가 교환될 뿐이다. 그런데 이 유통과정을 두 개의 과정(M-C와 C-M′)으로 나누면, 첫 번째 M-C 과정에서 유통과정은 단순 교환과정으로서 C로 일단 끝나게 된다. C로 끝난다는 것은 C를 '사용가치로서 소비'해야 한다는 것을 의미한다. 그리고 이 사용가치의 소비를 통해 C-M′의 유통과정이 일어난다. 이때 '사용가치의 소비'가 가치의 교환 영역 외부로 등장함과 동시에 내부에서 발생할 수밖에 없다.

이는 헤겔 변증법의 합리적 핵심을 단적으로 보여주고 있다. 헤겔에게서 절대정신이라는 절대적인 것으로 향해 나아가는 이성에는 늘 유한자를 포함할 수밖에 없다(유통의 내부). 다시 말해, 늘 대립자가 존재할 수밖에 없다(유통의 외부). 그래서 절대정신은 항상 유한자(타자)를 고려할 수밖에 없고, 그리하여 유한자(타자)와의 통일을 추구할 수밖에 없으며, 그래야만 절대정신은 자기 자신으로 향해 갈 수 있고, 또한 복귀할 수 있다. 그러므로 절대정신은 자기 자신 안에 유한자를 늘 포괄하고 있을 수밖에 없기 때문에 언제든지 유한자와 분리될 수 있는 계기를 자기 자신 안에 가질 수밖에 없다. 이것이 마르크스가 헤겔에게서 본 합리적인 핵심이라고 할 수 있다.[16]

"그러므로 이 가치변화는 바로 제1의 유통행위 M-C로 구매하는 상품에서 일어나야 되는데, 그렇다고 그 상품의 가치에

---

16 마르크스는 이에 관해 「포이어바흐에 관한 테제」에서 다음과 같이 비유적으로 말한다. "교육자 자신도 교육받아야 한다." 카를 마르크스·프리드리히 엥겔스, 『독일 이데올로기』, 김대웅 옮김, 두레, 1989, 38쪽.

서 일어나는 것은 아니다. 왜냐하면 등가물끼리 교환되며 상품은 그 가치대로 지불되기 때문이다. 그리하여 이 가치변화는 오직 그 상품의 현실적인 사용가치에서, 즉 그 상품의 소비에서 생길 수 있을 뿐이다. 그런데 한 상품의 소비에서 가치를 끌어내기 위해서는, 우리의 화폐소유자는 유통영역의 내부, 시장에서 운수 좋게 그것을 사용하면 가치가 창조되는 독특한 속성을 가진 상품——즉 그것의 현실적 소비 그 자체가 노동을 대상화하여 가치를 형성하게 되는 그런 상품——을 발견해야만 한다. 사실상 화폐소유자는 시장에서 이와 같은 특수한 상품을 발견하는데, 이것은 노동능력 또는 노동력(labour-power)이다.

노동력 또는 노동능력이라는 것은 인간의 신체 속에 있는 육체적·정신적 능력의 총체인데, 인간은 온갖 종류의 사용가치를 생산할 때마다 그것을 운동시킨다."(220~221쪽)

노동력이 시장에서 상품으로 등장하기 위한 조건은 크게 두 가지다. 첫째, "노동력의 소유자가 노동력을 상품으로 판매할 수 있기 위해서는 자신의 노동력을 자유롭게 처분할 수 있어야만 하며, 따라서 자기의 노동능력, 자기 인격의 자유로운 소유자로 되어야만 한다." 그러므로 자유로운 소유자가 되기 위해서는 "자기의 노동력을 항상 일시적으로, 일정한 기간만 구매자의 자유처분에 맡겨 사용하게"해야 한다. 둘째, 이 소유자가 생활수단이나 생산수단을 전혀 가지고 있지 못해서 오로지 "자기의 노동력 그 자체를 상품으로서 시장에 내놓을 수밖에 없어야 한다."(221~222쪽)

이러한 "노동력의 가치는 다른 모든 상품의 가치와 마찬가지로 이 특수한 상품의 생산과 재생산에 필요한 노동시간(사회적 평균노동시간)에 의해 규정된다.""노동력의 생산에 필요한 노동시간은""자기 생활을 유지하기 위해 일정한 양의 생활수단"(225쪽)의 생산에 필요한 시간이다. 그리고 이 노동시간은 '임금'이 되고, 이 임금을 받는 노동자를 '임금노동자'라 한다. 그런데 임금에는 자신의 노동력을 생산하기 위한 상품(사용가치)의 양만 포함되어 있을 뿐, 이 상품들을 소비해 자신의 노동력을 생산하는 노동(가사노동, 돌봄노동 등)이 빠져 있다.

자본의 이러한 변증법을 통해서 보면, 헤겔 변증법의 절대정신은 인간 이성의 주체적인 인식 구성과 이를 현실화하기 위한 실천이 전제되지 않는 한 결코 자신을 드러낼 수도, 자신에게 귀환할 수도 없다. 이는 노동자의 노동력 생산에 들어가는 노동력의 소비가 전제되지 않는 한 자본의 자기 증식 운동은 결코 일어날 수 없다는 뜻이다. 그러므로 자본의 운동은 자신의 운동 과정 안에 있어야 하면서도 바깥에 있는 가사노동,

돌봄노동(노동자의 노동력 생산에 들어가는 노동)을 전제할 수밖에 없다. 그렇기 때문에 아주 엄밀하고도 정확하게 말하자면 자본의 자기 증식 또는 잉여가치는 '노동력을 소비하는 과정에서뿐만 아니라 노동력을 생산하는 과정'에서도 일어나는데, 이 두 과정 중 후자의 과정(노동력을 생산하는 과정)이 더 우선한다 할 수 있다. 어쨌거나 "노동력의 소비는 다른 모든 상품의 소비와 마찬가지로 시장이나 유통영역 밖에서 행해진다."

그런데도 경험론적 세계관에 기초해 있는 "단순상품유통 또는 상품교환분야로부터 속류 자유무역주의자는 자본과 임금노동에 근거한 사회에 대한 견해와 개념 및 판단기준을 끌어"낸다. "노동력의 매매가 진행되는 유통분야 또는 상품교환분야는 사실상 천부인권(innate rights of man)의 참다운 낙원이다. 여기를 지배하고 있는 것은 오로지 자유·평등·소유·벤담[공리주의]이다. 자유! 왜냐하면 하나의 상품, 예컨대 노동력의 구매자와 판매자는 자기들의 자유의지에 의해서만 행동하기 때문이다. 그들은 법적으로 대등한 자유로운 인격으로 계약을 체결한다. 계약이라는 것은 그들의 공동의지가 하나의 공통된 법적 표현을 얻은 최종 결과다. 평등! 왜냐하면 그들은 오직 상품소유자로서만 서로 관계하며 등가물을 등가물과 교환하기 때문이다. 소유! 왜냐하면 각자는 자기 것만을 마음대로

처분하기 때문이다. 벤담! 왜냐하면 각자는 자기 자신의 이익
에만 관심을 기울이기 때문이다."(232~233쪽)

자본은 어떻게 자기 몸집을 불려나가는가

제3편 절대적 잉여가치의 생산

특수한 상품으로서의 노동력과 화폐의 교환은 곧 노동력의 소비과정으로 이어진다. 그리고 이 소비는 곧 다른 상품을 생산하는 생산과정, 즉 노동과정에서 일어난다. 그리고 이 노동과정은 가치가 증식되는 가치증식과정과 직결된다.

"노동과정의 기본 요소들은 (1) 인간의 합목적적 활동[노동 그 자체], (2) 노동대상, (3) 노동수단이다."(238쪽) 노동대상은 원료, 보조 재료, 중간 제품 등을 일컫는다. 노동수단에는 도구, 기계, 건물 도로 등이 포함된다. 토지는 노동대상이기도 하고 노동수단이기도 하다. "노동수단과 노동대상은 생산수단으로 나타나며, 노동 그 자체는 생산적 노동으로 나타난다."(230쪽) 그런데 이 생산적 노동은 노동과정에서 노동대상과 노동수단을 '생산적으로 소비한다.' 생산적 소비(생산적 노동)의 결과물은 생산물이다. 그러나 이 생산물은 "자본가의 감독 아래 노동"한 결과물이며, "자본가의 소유물"이다. 왜냐하면 "노동자는 자본가의 작업장에 들어가는 순간부터 자기 노동력의 사용가치, 다시 말해, 그것의 사용[노동]은 자본가의 것으로"(247쪽) 되기 때문이다.

그런데 "자본가의 목적은 다음 두 가지다. 첫째로 그는 교환가치를 가지고 있는 사용가치, 즉 판매하기로 예정되어 있는 물건인 상품을 생산하려고 한다. 둘째로 그는 생산에 사용한 상품들의 가치총액[즉 그가 상품시장에서 자기의 귀중한 화폐를 투하해 얻은 생산수단과 노동력의 가치총액]보다 그 가치가 더 큰 상품을 생산하려고 한다. 그는 사용가치를 생산하려고 할 뿐 아니라 상품을 생산하려고 하며, 사용가치뿐 아니라 가치를, 그리고 가치뿐 아니라 잉여가치를 생산하려고 한다." 그러므로 "상품 그 자체가 사용가치와 가치의 통일인 것과 마

찬가지로, 상품의 생산과정도 노동과정과 가치 형성 과정의 통일이어야 한다."(247, 249쪽)

자본은 어떻게 형성될까

노동과정은 사용가치를 생산하는 과정이므로, 가치를 생산해내는 가치 형성 과정이 더 우선적인 우리의 관심사이다. 그러므로 생산과정을 가치 형성 과정으로서 살펴보자.

예를 들어보자. 벽돌공장 소유주(자본가)가 벽돌을 하루 동안 생산하기 위해 모래와 시멘트(노동대상) 10킬로그램(=300원), 삽(노동수단) 1자루(=100원) 그리고 한 사람의 노동력(=100원)을 구매했다고 하자(여기서 삽 1자루는 하루에 마멸된다). 벽돌 노동자는 삽을 사용해 모래와 시멘트를 벽돌로 변형시키는데, 삽은 닳아 없어지고 모래와 시멘트는 벽돌로 자기의 모습을 바꾼다. 그리고 벽돌 노동자의 1시간의 노동이 사회적 평균노동시간으로 볼 때 25원의 화폐액으로 나타난다고 하자. 이때 모래와 시멘트 그리고 삽은 이미 다른 곳에서 생산되어 일정한 가치를 가지고 벽돌공장에 왔으며, 자기의 가치를 그대로 벽돌에게 이전(移轉, transfer)할 뿐이다. 또한 벽돌 노동자가 하루에 4시간을 노동(=100원)한다면, 벽돌의 가치는 500원이 된다. "우리의 자본가는 깜짝 놀란다. 생산물의 가치가 투하된 자본의 가치와 똑같다. 투하된 가치는 증식되지 않았고, 잉여가치를 생산하지 않았으며, 따라서 화폐는 자본으로 전환되지 않았다."(254쪽) 그런데 자본가가 벽돌 노동자에게 하루 8시간을 노동시킨다면, 잉여가치 100원이 창조된다. "따라서 노동력의 가치와 노동과정에서 노동력이 창조하는 가치는 그 크기가 서로 다르다. 자본가는 노동력을 구매할 때 이미 가치의 이와 같은 차이를 염두에 두고 있었다."(258쪽) "그의 화폐가 자본으로 전환되는 이 전체 과정은 유통영역의 내부에서도 수행되고 또한 그 외부에서도 수행된다. 그 전체 과정은 유통을 매개로 수행된다. 왜냐하면 그것은 상품시장에서 노동력의 구매를 조건으로 하고 있기 때문이다. 그것이 유통영역의 외부에서 수행된다고 말하는 이유는, 유통은 생산영역에서만 이루어지는 가치증식과정을 준비하는 데 지나지 않기 때문이다."(260쪽) 그러므로 자본가는 근본적으로 노동자의 노동시간을 자연적으로 끊임없이 늘리려고 한다. 이것이 절대적 잉여가치의 생산이다.

제8장 불변자본과 가변자본, 제9장 잉여가치율, 제10장 노동일

자본가는 잉여가치(surplus value)를 획득하기 위해 생산수단과 노동력에 화폐를 투자한다. 그런데 생산수단(노동대상과 노동수단)에 투자한 자본은 생산과정에서 이전의 가치를 그대로 유지·보존할 뿐 증식시키지 않았기 때문에, 즉 가치량의 변화가 없기 때문에 '불변자본(不變資本, constant capital)'이라 한다. 반면에 노동력에 투자한 화폐는 생산과정에서 자기의 가치를 증식시켰기 때문에, 즉 가치량의 변화가 있었기 때문에 '가변자본(可變資本, variable capital)'이라 한다. 그런데 이 둘의 관계는 변증법적인 관계이다. "노동자는 새로운 가치를 첨가하는 바로 그 행위에 의해 종전의 가치를 보존하는 것이다. 그러나 그가 새로운 가치를 노동대상에 첨가하는 것과 종전의 가치를 보존하는 것은 [노동자가 동일한 노동시간에 동시적으로 수행한] 전혀 다른 두 개의 결과이므로, 이와 같은 결과의 이중성은 분명히 그의 노동의 이중성에 의해 설명될 수밖에 없다. 즉, 그의 노동은 한쪽의 속성을 통해 가치를 창조하고, 다른 쪽의 속성을 통해 가치를 보존 또는 이전해야 하는 것이다."(267~268쪽)

그리하여 〈상품의 가치=불변자본(c)+가변자본(v)+잉여가치(s)〉라는 등식이 성립한다. 위의 벽돌 노동자와 자본가의 예를 다시 들어보자. 자본가와 노동자는 하루 8시간 동안 10원짜리 벽돌 20개를 만들면 임금 100원을 지불하기로 계약했다고 하자. 이를 도식화시켜보면 다음과 같다.

시간 →

0	1	2	3	4	5	6	7	8

필요노동시간(4시간)	잉여노동시간(4시간)

　　노동자는 하루의 노동을 통해 새로운 가치를 창조함으로써, 자기가 받은 임금(가변자본 v)을 대체할 뿐만 아니라 자본가를 위해 잉여가치(s)를 생산한다. 하루의 노동시간(즉 '노동일') 중 임금으로 받는 노동시간(전자에 해당) 4시간을 '필요노동시간(필요노동)'이라고 하고, 임금으로 받지 못하는 4시간을 '잉여노동시간(잉여노동)'이라고 하며, 이 4시간을 '착취'라고 한다. 이 잉여노동시간을 '잉여가치'라고 하고, 이 잉여가치가 바로 자본이 되는 것이다. 즉 자본가는 노동자에게 주는 임금 100원을 투자해 10원짜리 벽돌 20개인 200원을 만들어내는 것이다. 즉 100원=200원이 되는 셈이다(잉여가치의 100원 부분은 나중에 사회적으로 주식 배당, 은행 이자, 고리대금, 주식 투자, 부동산 투기 이익, 지대 등으로 배분된다). 이때 자본의 자기가치 증식 비율을 '잉여가치율(s/v=잉여노동/필요노동)'이라고 하는데, 잉여가치율은 자본에 의한 노동력의 착취도를 나타낸다.

　　"필요노동과 잉여노동의 합계[즉 노동자가 자기의 노동력

가치를 대체하는 시간과 잉여가치를 생산하는 시간의 합계]가
노동자의 노동시간의 절대적인 크기, 즉 노동일을 이루고 있
다."(306쪽)

그런데 자본은 이러한 과정을 계속 반복하면서 자신의 몸
집을 계속 불려나가려고 한다. 그래서 노동자가 일하는 시간
을 어떻게든 더 늘려 잉여가치 부분을 더 많이 늘리고자 한다.
즉 8시간 일을 시키는 것이 아니라 10시간을 시키고, 4시간을
필요노동시간으로 6시간을 잉여노동시간으로 해 최대한의 잉
여가치를 뽑아내고자 한다. 이것을 '절대적 잉여가치의 생산'
이라고 한다. "자본가는 오직 인격화한 자본에 지나지 않는다.
그의 혼은 자본의 혼이다. 그런데 자본에게는 단 하나의 충동
이 있을 따름이다. 즉 자신의 가치를 증식시키고, 잉여가치를
창조하며, 자기의 불변부분인 생산수단으로 하여금 가능한 많
은 양의 잉여노동을 흡수하게 하려는 충동이 그것이다. 자본은
죽은 노동[주어진 일정한 가치]인데, 이 죽은 노동은 흡혈귀
처럼 오직 살아 있는 노동을 흡수함으로써만 활기를 띠며, 그
리고 그것을 많이 흡수하면 할수록 점점 더 활기를 띠는 것이
다."(310쪽) 이는 헤겔의 절대정신이 자기의 대립물인 구체적이
고 현실적인 대상을 자신으로부터 대립시키고 다시 그 대상을
자신으로 귀환시키는 과정을 대입한 것과 같다. 그리하여 '이

성적인 것'으로서의 절대정신은 비로소 '현실적인' 것이 된다. "이성적인 것이 현실적인 것이고, 현실적인 것이 이성적인 것이다."

그러나 하루는 24시간일 뿐이다. 무한정 일하는 시간을 늘릴 수는 없다. 또한 너무나 많은 시간을 일하는 노동자들의 저항과 투쟁은 일하는 시간을 법률에 의거해 일정 정도로, 즉 하루 10시간, 8시간으로 줄이도록 했다. 노동자는 다음과 같이 이야기한다. "당신과 나는 시장에서 단 하나의 법칙 즉 상품교환의 법칙밖에 모른다. (……) 당신은 언제나 나에게 '절약'과 '절욕'의 복음을 설교하고 있다. 매우 좋은 이야기다! 나는 분별 있고 근검절약하는 소유주처럼 나의 유일한 재산인 노동력을 아껴 쓰고, 그것을 어리석게 낭비하는 일은 모두 삼가려고 한다. (……) 당신은 노동일을 무제한 연장함으로써 내가 사흘 걸려 회복할 수 있는 것보다 더 많은 양의 노동력을 하루 동안 써버릴 수도 있다. 그리하여 당신이 노동으로부터 이득을 보는 것만큼 나는 노동실체를 잃어버린다. 나의 노동력을 이용하는 것과 그것을 약탈하는 것은 전혀 다르다."(311쪽)

"이처럼 노동일은 변하지 않는 수량이 아니라 변하는 수량이다. 노동일의 두 부분 중 하나가 노동자 자신의 노동력 재생산을 위해 필요한 노동시간에 의해 결정되는 것은 사실이지만,

노동일의 전체 길이는 잉여노동의 길이[또는 계속시간]에 따라 변동한다. 그러므로 노동일은 결정될 수는 있지만 그 자체로서는 불확정적이다."(292쪽)

이처럼 자본가와 노동자는 노동일을 둘러싸고 서로 갈등하고 투쟁하는 관계에 놓인다. 이러한 갈등과 투쟁은 헤겔의 절대정신이 세계사에서 자기를 관철시켜나가는, 즉 자기로 귀환하는 과정에서 필연적으로 일어나는 것이기도 하다. '내전(전쟁)은 필요악이다.' 어쨌거나 이러한 갈등과 투쟁에는 "하나의 이율배반이 일어나고 있다. 즉 쌍방이 모두 동등하게 상품교환의 법칙이 보증하고 있는 권리를 주장하고 있다. 동등한 권리와 권리가 서로 맞섰을 때는 힘이 문제를 해결한다. 그리하여 자본주의적 생산의 역사에서 노동일의 표준화는 노동일의 한계를 둘러싼 투쟁, 다시 말해, 총자본[즉 자본가계급]과 총노동[즉 노동자계급] 사이의 투쟁에서 결정되는 것이다."(313쪽)

제4편 상대적 잉여가치의 생산

이제 노동자의 저항과 공장법에 의한 표준노동일(normal workingday)의 제정으로 말미암아 노동일, 즉 자연적인 노동시간(필요노동시간+잉여노동시간)을 늘릴 수 없게 된다. 그러면 어떻게 잉여가치 부분을 늘려갈 수 있을까? 그것은 이제 필요노동시간 부분을 상대적으로 줄여나가는 것이다. 이는 상품의 단위당 가치를 저하시켜 노동생산성을 향상시키는 것으로 이어진다. "필요노동시간의 단축과 이에 따라 노동일의 두 부분들의 길이 변화로부터 생기는 잉여가치를 나는 상대적 잉여가치라고 부른다."(431쪽) 역사적으로 노동생산성을 향상시키는 방법으로는 하나의 동일한 작업 과정에 많은 노동자들이 모여 함께 일하는 협업(제13장), 협업 형태를 넘어서서 공장제 수공업이라 불리는 매뉴팩처(노동의 분업을 통해 협업하는 것)와 분업(제14장), 그리고 매뉴팩처 형태를 넘어서는 기계제 대공업(제15장)이 있다. 기계제 대공업 형태에서 노동생산성의 향상은 기본적으로 노동 강도를 높이는 것이다. 예를 들어 8시간 동안 20개의 벽돌을 만들어내는 것이 아니라 30개의 벽돌을 만들어내게 하거나, 세 명이 하던 일을 두 명이 하도록 하거나 사람이 하던 일을 기계로 대체하거나 등이다. 이것은 오늘날의 구조조정과 똑같은 모습이다. 이 잉여가치의 생산은 과학기술의 발전을 획기적으로 불러왔다. 그러니까 과학기술의 발전은 필요노동시간을 최대한 줄이고 잉여노동시간을 최대로 늘림으로써 노동생산성을 향상시키려는 노력과 궤를 같이한다.

그런데 기계제 대공업에서의 노동생산성의 향상은 수공업의 협업이나 매뉴팩처에서의 노동생산성의 향상과는 다르다. "매뉴팩처와 수공업에서는 노동자가 도구를 사용하지만, 공장에서는 기계가 노동자를 사용한다. 전자에서는 노동수단의 운동이 노동자로부터 출발하지만, 후자에서는 노동자가 노동수단의 운동을 뒤따라가야 한다. 매뉴팩처에서는 노동자들은 하나의 살아 있는 메커니즘의 구성원들이지만, 공장에서는 하나의 생명 없는 기구가 노동자로부터 독립해 존재하며 노동자는 그것의 단순한 살아 있는 부속물이 되어 있다.""똑같은 기계적인 과정을 수없이 반복하는 싫증나고 단조로운 고역, 이것은 마치 시시포스의 형벌과도 같다. 노동이라는 무거운 짐이, 바위처럼, 지쳐빠진 노동자 위에 끊임없이 떨어져 내려온다."(570쪽)[17] 노동자의 노동은 기계의 운동에 맞출 수밖에 없다. 자본가는 최대의 이윤을 뽑아내기 위해 기계를 최대치로 운용한다. 그리하여 노동자의 노동은 기계의 최대치에 맞춰야 하는 엄청난 강도로 이루어진다. 이제 노동자의 노동의 강화는 곧바로 노동자의 소외(인간의 소외), 즉 기계의 부속품으로 전락하는 것과 직결된다. "노동이 가벼워지는 것조차 고통의 원천으로

17 카를 마르크스, 『자본론 I (하)』, 김수행 옮김, 비봉출판사, 2015, 537쪽, 이하 같은 책, 쪽수만 기입.

되는데, 왜냐하면 기계가 노동자를 노동에서 해방시키는 것이 아니라 그의 노동으로부터 일체의 내용을 빼앗아버리기 때문이다. 자본주의적 생산은 노동과정일 뿐 아니라 동시에 자본의 가치증식과정이기 때문에, 어떤 자본주의적 생산에서도 노동자가 노동조건을 사용하는 것이 아니라 이와는 반대로 노동조건이 노동자를 사용한다는 점은 공통된다."(570쪽) "기계 그 자체는 노동시간을 단축시키지만 자본주의적으로 사용되면 노동시간을 연장시키며, 기계 그 자체는 노동을 경감시키지만 자본주의적으로 사용되면 노동강도를 높이며, 기계 그 자체는 자연력에 대한 인간의 승리이지만 자본주의적으로 사용되면 인간을 자연력의 노예로 만들며, 기계 그 자체는 생산자의 부를 증대시키지만 자본주의적으로 사용되면 생산자를 빈민으로 만든다."(597쪽)

기계제 대공업의 발달은 주기적 공황이 발생하는 경제적 조건으로 작용한다. "공장제 생산의 방대한 비약적 확장력과 세계시장에 대한 의존성은 필연적으로 다음과 같은 순환cycle──즉 열병적인 생산과 이에 뒤이은 시장에 대한 과잉공급, 그리고 시장의 축소와 이에 따르는 생산의 마비──을 일으킨다. 산업의 생애는 중간 정도의 활황, 번영, 과잉생산, 공황(crisis), 침체라는 일련의 시기들로 구성된다."(611쪽) 잠재적으로 수익이 많이 나리라고 생각되는 분야에서는 엄청난 생산이 일어나고 시장을 포화 상태로 만들어 과잉공급에 의한 공황을 발생시킨다.

제6편 임금

앞에서 말했던 것처럼 노동자의 임금은 노동자의 '노동'의 가치가 아니라 '노동력'의 가치가 전환된 것이다. 그런데도 고전 경제학(스미스와 리카도)과 속류 경제학에서는 노동자의 임금을 '노동'의 가치로 잘못 파악하고 있다. 이는 우리 눈에 보이는 현상에 집착하는 경험론적 세계관에 기인한다. "부르주아 사회의 표면에서는 노동자의 임금은 노동의 가격, 즉 일정한 양의 노동에 대한 대가로 지불되는 일정한 양의 화폐로 나타난다. 그리하여 사람들은 노동의 가치를 이야기하며, 그리고 그 화폐적 표현을 노동의 필요가격 또는 자연가격이라고 부르고 있다."(727쪽) 다시 말해, 자본가와 노동자 사이의 교환이 다른 상품 교환과 마찬가지로 '네가 화폐를 주니까 내가 노동을 한다'는 식으로 파악되며, 노동자가 하루의 노동을 한 뒤에 대가를 받는다는 것이다.

그러나 이러한 경험론적 세계관에 입각한 임금에 대한 파악은 대단히 불합리한 것이며, "웃기는 동어 반복이다." 왜냐하면 "화폐[즉 대상화된 노동]와 살아 있는 노동의 직접적 교환은 [자본주의적 생산의 토대 위에서 비로소 자유롭게 전개되는] 가치법칙을 폐지하든가, 또는 [바로 임금노동에 기반을 두고 있는] 자본주의적 생산 자체를 폐지할 것이"(727쪽, 728쪽)기 때문이다.

제7편 자본의 축적 과정

잉여가치를 획득한 자본가는 그 일부를 소득으로 개인적 소비에 사용하고 나머지를 다시 자본으로 만들려고 한다. 잉여가치를 자본으로 다시 만들고자 하는 것을 '자본의 축적'이라고 부른다. 자본의 축적, 즉 자본주의적 생산이 계속 진행되면, 자본이 어디에서 발생하는가를 이해할 수 있다. 생산과정에서 잉여가치, 즉 자본의 생산은 가변자본인 노동력의 소비를 통해 이루어지므로, 현재 자본가가 가진 자본은 자본가 자신의 노동에 의해 이루어진 것도 아니고 자기 조상이 물려준 것도 아니다. "생산과정은 또한 자본가가 노동력을 소비하는 과정이기 때문에, 노동자의 생산물은 끊임없이 상품으로 전환될 뿐 아니라 자본으로 [즉 노동자의 가치창조력을 빨아먹는 가치로, 인간을 실제로 구매하는 생활수단으로, 그리고 생산자를 사용하는 생산수단으로] 전환된다. 그리하여 노동자 자신은 객체적인 부를 자본[즉 자기를 지배하며 착취하는 외부의 힘]의 형태로 끊임없이 생산하며, 자본가는 노동력을 부의 주체적 원천의 특수한 형태[노동자의 신체 속에 있을 뿐이며, 그 자신을 대상화하고 실현할 모든 수단에서 분리되어 있는 추상적인 원천]로 끊임없이 생산한다. 간단히 말해, 자본가는 노동자를 임금노동자로 생산한다. 노동자의 이 끊임없는 재생산 또는 영구화는 자본주의적 생산의 필수조건이다."(779쪽)

여기에서 우리는 헤겔 변증법이 다시 구체적으로 등장하는 것을 볼 수 있다. 헤겔의 절대정신(자본 또는 잉여가치)은 자신을 이 물질적인 세계(자본주의 세계로서의 상품 세계)에 끊임없이 보편적인 것으로 확대해나가는 대상(노동력)을 필요로 할 수밖에 없다. 그러므로 절대정신은 자신에게 되돌아올 수 있게 해주는 대상을 끊임없이 생산해내지 않으면 안 된다. 따라서 절대정신은 자신을 끊임없이 보편적인 존재로 발전시켜나가기 위해서는 그렇게 발전시키기 위한 대상과의 관계를 끊임없이 재생산해야만 한다. 이는 곧 자본주의적 생산이 계속되기 위해서는 자본의 생산과정에서 자본-노동의 계급 관계가 끊임없이 유지되고 재생산되어야만 한다는 사실에, 즉 자본가계급은 상품의 생산·판매를 통해 잉여가치를 끊임없이 확보해 자본을 축적할 수 있어야 하고, 노동자계급은 노동력의 판매를 통해 자기 자신과 다음 세대의 노동자를 생산·유지해야 하며 어떠한 생산수단도 소유할 수 없어야 한다는 사실에 대입될 수 있다.

이로부터 '자본주의적 축적의 일반 법칙'이 도출된다. "사회의 부, 기능하는 자본, 기능자본 증대의 규모와 활력, 이리하여 또 프롤레타리아트의 절대수와 그들 노동의 생산력이 크면 클수록, 산업예비군은 그만큼 더 커진다. 자본의 확장력을 발전시키는 원인들 바로 그것이 또한 자본이 마음대로 이용할 수 있는 노동력을 증가시킨다. 다시 말해, 산업예비군의 상대적 크기는 부의 잠재적 활력과 함께 증대한다. 그런데 이 산업예비군이 노동자 현역군에 비해 크면 클수록, 고통스러운 노동을 하지 않으면 더욱 빈곤해지는 고정적 과잉인구는 그만큼 더 많아진다. 끝으로, 노동자계급의 극빈층과 산업예비군이 크면 클수록, 공식적인 구호 빈민은 그만큼 더 많아진다. 이것이 자본주의적 축적의 절대적 일반법칙이다."(877~878쪽)

"자본주의적 생산 방식, 축적 방식, 그리고 자본주의적 사적 소유(즉, 타인 노동의 착취에 입각한 사적 소유)는 애덤 스미스의 국부(國富) 증대의 근원인 '개인 자신의 노동'에 입각한 사적 소유를 철폐해야만 가능하다. 다시 말해, 자본주의는 임금노동자로부터 자기의 노동을 자기가 이용할 수 있는 모든 조건을 빼앗아야만 가능하며, 따라서 이른바 국부를 증진시키기 위해 국민 대다수를 빈곤하게 만들어야 한다."[18]

18 김수행,『자본론의 현대적 해석』, 서울대학교 출판부, 2009, 166쪽.

자본의 유통과정에 대한 이해, 핵심은 총체성

제2권 자본의 유통과정

제1편 자본의 변태와 그들의 순환

"화폐자본의 순환을 표시하는 공식은 $M-C\cdots P\cdots C'-M'$이다. 여기에서 점선은 유통과정이 중단되는 것을 가리키며, C'와 M'은 잉여가치에 의해 증대된 C와 M을 의미한다."[19] 이는 제1권의 자본의 순환 세 단계를 나타내는데, 순환의 목적이 가

---

19 카를 마르크스, 『자본론Ⅱ』, 김수행 옮김, 비봉출판사, 2015, 29쪽, 이하 같은 책, 쪽수만 기입.

치증식(M-M′)이라는 것을 잘 표현하고 있다. 그런데 M′로 이 순환이 끝나게 되면, 자본은 가치증식이라는 자신의 정체성을 상실한다. 그러므로 자본이 자신의 정체성을 유지하려면 이 순환 과정을 끊임없이 지속해야 한다.

가치증식의 근원인 잉여가치의 발생은 유통 그 자체에서는 나타나지 않는다. 왜냐하면 잉여가치의 발생은 유통과정(M-C)에 의해 매개된 생산과정(P)에 의해서 이루어지기 때문이다. 그러므로 생산이 중요해진다. 그런데 중상주의는 무역(유통)을 통해 국부를 증대(M→M′)한다고 생각하는 잘못을 저질렀다. 즉 "개인(또는 한 국가——필자 삽입)이 화폐소유자로 존속할 수 있기 위해서는 지출행위 그 자체의 결과로 화폐가 환류해야만 한다. 그런데 화폐가 그에게 되돌아오는 것은 상품의 판매를 통해서만 가능하기 때문에, 위의 행위는 화폐소유자가 상품생산자라는 것을 전제하고"(43쪽) 있음을 보지 못했다는 것이다.

이러한 잘못을 최초로 지적한 것이 고전 경제학파(애덤 스미스)였다. 고전 경제학파는 유통과정에 주목한 것이 아니라 생산과정에 주목했다. 생산과정에서 잉여가치가 발생하기 때문에 생산과정의 생산 요소(불변자본+가변자본(노동력))가 자본으로 전환된다는 점에서 '생산자본'이라 한다. 생산자본의 순환을 표시하는 공식은 P…C′-M′·M-C…P이다. 이 순환 역시 연속되어야 자본이 증대된다. 그런데 고전 경제학파는 이 순환에서 자본의 증대를 사용가치의 증대(국부의 증대)로 보고 잉여가치의 획득으로 보지 못했다. 즉 자본의 목적을 잉여가치의 획득으로 보지 못하고 사용가치(연간 생산물)의 증대로 보았다는 것이다. 중상주의나 고전 경제학 모두 오류를 범하고 있는 것은 결국 경험론적 세계관에 기초해 있었기 때문이었다. 물론 고전 경제학이 중상주의보다 현상을 좀 더 분석해 부의 근원이 생산(노동)에 근거한 것임을 밝혀낸 것은 획기적인 것이었다. 그러나 고전 경제학은 생산과정을 좀 더 분석하지 못하고, 화폐자본의 순환 목적이 잉여가치 획득에 있음을 보지 못함으로써 M—M′를 사용가치의 증대로 오해했던 것이다.

제2편 자본의 회전

중상주의나 고전 경제학의 오류 발생 원인은 그들이 암묵적으로 전제하고 있던 경험론적 세계관이었다. 경험론적 세계관은 객관 세계의 현상들을 받아들일 때, 이 현상들이 서로 연결되어 있는, 총체적인 것으로 파악해 받아들이는 것이 아니라 서로 연관성을 가지고 있지 않은 순수하게 개별적인 것들이 꽃다발처럼 기계적으로 결합·분리되어 있는 것으로 파악한다. 그리하여 중상주의나 고전 경제학은 자본의 순환과정인 유통과정과 생산과정이 서로가 서로의 전제가 되는 연속성을 지닌 것으로 파악하지 못하고 서로 단절적인 것으로 파악함으로써 위와 같은 잘못을 범하게 된 것이다.

자본의 순환과정인 유통과정과 생산과정은 서로 개별적으로 분리된 단일한 과정이 아니라, 연속되어 있는 주기적인 과정으로 파악해야만 할 때, 자본의 순환을 '자본의 회전'이라고 부른다. 자본의 회전은 "일정한 자본의 총유통 기간"으로서 "그 자본의 유통시간과 생산시간의 합계와 같다. 그것은 자본 가치가 특정의 형태로 투자된 순간으로부터 과정의 진행을 거쳐 동일한 형태로 복귀할 때까지의 기간이다."(185쪽)

자본의 회전 시간의 단축은 보다 많은 잉여가치의 증대를 가져온다. 자본은 자신의 정체성인 가치 증대를 더 확고히 하기 위해서 자본의 회전 시간을 단축하고자 한다. 자본의 회전 시간 단축은 생산 기간의 단축과 유통 기간의 단축 모두를 포함한다. 먼저 생산 기간의 단축은 상품 생산의 시간 단축, 즉 노동시간의 단축을 의미하는데, 자본가는 과학기술 혁신을 통해 생산 기간을 단축하려고 노력한다. 또한 자본은 유통 시간을 단축하기 위해 도로·철도·항만·해상·수송·항공 등 사회

기반 시설의 확충(물류 비용의 절감)을 요구한다. 그리고 상품 매매 시장의 온라인 판매의 확대와 같은 현대화와 온라인 결제와 같은 신속한 자금 결제 제도의 확립을 요구하고 있다.

제3편 사회적 총자본의 재생산과 유통

지금까지의 자본의 생산과정은 개별적인 자본에 한정된 것이었다. "그러나 각 개별 자본은 사회적 총자본의 자립적인[말하자면 개별적 생명을 가진] 한 부분에 불과한데, 이것은 각 개별 자본가가 자본가계급의 한 요소에 불과한 것과 마찬가지다. 사회적 자본의 운동은 이 자본의 자립적인 부분들의 운동들[즉 개별 자본들의 회전들]의 총체로서 이루어진다."(436쪽) "개별 자본들의 순환들은 서로 엉키며 서로 전제가 되고 조건으로 되는 것이며, 그리하여 바로 이렇게 엉킴으로써 사회적 총자본의 운동을 이룬다."(438쪽) 이는 각 개별 자본이 자신의 상품을 판매할 때 구매해줄 다른 개별 자본이 필요하다는 것을 의미한다. 개별 자본가들의 교환관계는 자본가들 사이의 교환뿐만 아니라 자본가와 노동자 사이의 관계도 포함하고 있다.

사회적 총자본의 재생산과 유통, 즉 사회적 총자본에 의해서 생산된 연간 총생산물이 자본가와 노동자 사이에서, 그리고 자본가들 사이에서 어떤 교환관계를 가지고 모두 판매되는가를 살펴보는 것이 이후 제3권에서 잉여가치가 어떻게 이윤이나 지대로 전환되는지, 어떻게 자본의 유기적 구성도가 높아지는지, 그리고 이윤율 저하 경향의 법칙이 나타나는지에 대한 이론적 전제가 된다. 이는 애덤 스미스의 도그마를 비판함으로써 이루어진다.

"스미스의 교리에 따르면, 각 개별 상품——따라서 사회의 연간 생산물을 이루는 모든 상품의 합계(그는 정당하게도 자본주의적 생산이 모든 곳에 있다고 가정하고 있다)——의 가격 또는 '교환가치'는 임금·이윤·지대라는 세 개의 '구성부분들'로 이루어지거나, 또는 '분해된다'는 것이다. 이 교리는 결국 상품가치=v+s, 즉 상품가치는 투하된 가변자본의 가치에 잉여가치를 더한 것과 같다는 것이다."(459~460쪽) 스미스에게 상품의 가치는 c+v+s가 아니라 v+s이다. v+s라는 도그마는 불변자본 c를 인간의 노동으로 모두 추상한 결과이다. 다시 말해, 스미스는 잉여가치 생산을 목적으로 하는 자본의 생산을 단순한 상품 생산의 '단순한 반영'으로 추상화하고 있다는 것이다. 왜냐하면 스미스가 기초해 있는 경험론적 세계관에 따르면, 객관의 데이터를 감각 경험에 의해 수용한 후 만들어진 관념과 이 객관이 일치(단순한 반영 또는 모사)해야 하기 때문이다. 이렇게 될 경우 이 추상이 시공간의 변화에 따라 변화·운동하는 모습을 총체적으로 설명할 수 없다.

이런 총체성의 결여는, v+s(노동자의 임금과 자본가의 이윤으로 나타남)가 상품가치의 일부만을 구성하는 것이기 때문에 상품 전체를 구매할 수 없는 것으로 나타난다. 상품의 가치는 c+v+s이기 때문에 상품의 생산은 자본가와 노동자의 개인 욕구의 소비 상품뿐만 아니라 노동수단(기계류와 같은 불변자본)의 생산도 포함된다. 따라서 v+s로는 노동수단이라는 상품(c)을 구매, 소비할 수 없다. "연간의 가치생산물이 v+s 이외에는 다른 어떤 요소도 포함하고 있지 않다면, 또 하나의 가치구성부분은 어디에서 나온다는 말인가? 우리는 여기에서 단순재생산을 전제로 하고 있다. 한 해의 총노동량이 노동력에 지출된 자본가치를 재생산하는 데 필요한 노동과 잉여가치를 창조하는 데 필요한 노동으로 분해된다면, 노동력에 지출되지 않은 자본가치를 생산하기 위한 노동은 도대체 또 어디에서 나온다는 말인가?"(467쪽)

다른 한편, 총체성이 결여된 스미스의 도그마는 잉여가치의 현상형태인 이윤과 지대에 관해 제대로 규정을 하지 못한다. "잉여가치, 또는 스미스의 경우에는 그 두 형태인 이윤과 지대는 어떻게 결정될 수 있는가? 이 문제에 관해 스미스는 내용 없는 객담만 남기고 있다. 그는 때로는 임금과 잉여가치, 또는 임금과 이윤을 상품의 가치 또는 가격을 구성하는 두 구성부분이라고 말하는가 하면, 때로는 그것도 흔히 거의 숨 돌릴 사이도 없이, 상품의 가치가 '분해되는' 부분들이라고 말하고 있다. 그러나 후자는 [전자와 반대되는 것인데] 상품가치가 먼저 주어져 있고, 이 주어진 가치의 여러 부분이 생산과정에 참가한 여러 사람들에게 여러 가지 수입의 형태로 들어간다는 것을 의미한다. 이것을 상품의 가치가 이 세 '구성성분들'로 이루어진다는 것과는 결코 같은 말이 아니다. 예컨대, 내가 각각 다른 세 개의 직선의 길이를 따로따로 정하고 그 다음에 이 세 개의 직선들을 '구성부분들'로 하여 그것들을 합한 길이와 똑같은 넷째 직선을 만드는 것과, 이번에는 이와 반대로 하나의 주어진 직선이 나의 앞에 있고 내가 이것을 이러저런 목적으로 각각 다른 세 부분으로 나누는, 말하자면 '분해하는' 것은 결코 동일한 절차가 아니다. 첫째 경우에는, 넷째 직선의 길이는 [합해져서 그 직선을 이루고 있는] 세 개 직선들의 길이가 달라짐에 따라 달라지지만, 둘째 경우에는, 직선의 세 부분들의 길이는, 그 각각이 하나의 주어진 길이의 직선의 부분들을 이루기 때문에, 처음부터 제한되어 있다."(477~478쪽)

자본주의적 생산의 총과정에 대한 이해:

변증법적·과학적 이해

제3권 자본주의적 생산의 총과정

제1편 잉여가치가 이윤율로 전환하고
잉여가치율이 이윤율로 전환

애덤 스미스가 미처 파악하지 못한 이윤과 지대의 원천이
잉여가치임을 밝히기 위해서는 자본주의적 생산의 총과정을
고찰해봐야 한다. 제1,2권에서는 자본이 산업자본으로만 나타

났는데, 자본은 산업자본뿐만 아니라 상업자본·금융자본·토지 재산으로도 나타난다. 이제 산업자본이 이러한 자본 형태들과 어떠한 관계를 가지고 있는지를 통해 자본주의적 생산의 총과정을 해명할 수 있고, 이 해명을 통해 잉여가치가 상업 이윤, 이자, 지대로 현상(전환)되는지를 알아볼 수 있다. 이러한 것은 애덤 스미스의 경험론적 세계관으로서는 해명될 수 없으며, 변증법적 세계관을 통해 해명될 수 있다.

변증법적 세계관을 통해 '과학'이 성립할 수 있다. 과학을 통해 '상품가치 = 불변자본 + 가변자본 + 잉여가치'라는 등식이 성립한다. 그러나 자본가의 관점에서 "가치 증가분(잉여가치—필자 삽입)은 자기가 자기의 자본으로 수행하는 생산활동에서 생긴다는 것, 따라서 자본 그것에서 생긴다는 것이다. 왜냐하면 생산과정 이전에는 가치증가분이 존재하지 않았는데 그 이후에 그것이 존재하게 되었기 때문이다."(40쪽) 즉 자본가는 〈상품가치 = 자기가 생산에 투입한 비용 + 이윤〉이라고 생각한다는 것이다. 그리하여 잉여가치 대신에 이윤이라는 개념으로 대체되고, 잉여가치율(잉여가치(s)/가변자본(v)) 대신에 이윤율(잉여가치/자본 투입 총액(C = c+v))이라는 개념으로 대체된다. "이 두 개의 비율은 동일한 크기를 측량하는 두 개의 다른 기준이며, 따라서 동일한 크기가 처한 다른 관계를 표현한다."(50쪽)

그런데 이 둘의 관계는 '본질'과 '현상'과의 관계이다. "잉여가치율이 이윤율로 바뀌는 것에서 잉여가치가 이윤으로 바뀌는 것이 도출되어야 하며, 그 역은 아니다. 물론 이윤율이 역사적 출발점이다. 잉여가치와 잉여가치율은, 상대적으로 말하여, 눈에 보이지 않는, 조사되어야 할 본질에 해당하며, 그 반면에 이윤율, 따라서 잉여가치의 이윤형태는 눈에 보이는 표면적 현상이다."(50쪽) 다시 말해, "비용가격을 넘는 상품가치의 초과분은 직접적 생산과정에서 발생하는 것이지만, 그것이 실현되는 것은 유통과정에서이다. 그런데 그것이 유통과정에서 발생하는 것처럼 보이는 것은, 이 초과 가치분이 실현될 것인가 아닌가 그리고 어느 정도로 실현될 것인가 하는 것이 현실적인 경쟁하에서는 현실의 시장 상황에 달려 있기 때문이다."[20]

변증법적 세계관에 근거한 과학적인 방법은 '추상(본질)에서 구체(현상)로 상승하는 방법'이다. 이에 따라 상품가치의 구성 성분 중 '불변자본 + 가변자본'은 '비용가격(자본투입총액)'으로, '잉여가치'는 '초과분'으로, 또한 '이윤'으로 상승되어 설명된다. 그렇지만 추상(본질)은 처음부터 주어진 것이 아니라, 감각이고 경험적인 것(아직 아무런 내용도 확보되지 않은 것으로 단지

---

20 카를 마르크스, 『자본론 III (상)』, 김수행 옮김, 비봉출판사, 2015, 51쪽. 이하 같은 책, 쪽수만 기입.

우리 눈에 보이는 것)을 분석한 결과물이다. 그러므로 추상(본질)은 인식과 서술의 절대적인 출발점이 아니라 결과물(끝)로서의 시작이다. 즉 추상에는 이미 '구체적인 것에 대한 분석'이라는 전제가 깔려 있다(구체적인 것에 대한 분석은 이미 제1장 상품 장에서 이루어지고 있다). 그리고 이 과학적 방법이 헤겔의 변증법을 바로세운 마르크스의 변증법으로서, 유물론적 성격을 잘 보여주는 것이다. 이후의 모든 '전환'은 바로 이 과학적 방법에 의해 수행된다.

제2편 이윤이 평균이윤으로 전환
제3편 이윤율 저하 경향의 법칙

상승 방법에 따라 잉여가치로 설명된 이윤이 어떻게 평균이윤으로 전환되고, 이윤율이 어떻게 저하되는 경향을 보이는지 살펴보자.

앞에서 우리는 자본이 형성될 수 있는 계기가 생산과정에 있음을 살펴보았다. 그러나 생산과정에서 만들어진 노동생산물이 이제 다시 시장이라는 유통 영역에서 상품으로 팔리지 않는 한 자본은 현실적으로 형성될 수 없다. 즉 노동력이라는 특수한 상품이 생산과정에서 소비되어 노동생산물을 생산하는 것이 자본 형성의 필요조건이라면, 이 노동생산물이 시장에서 상품으로 팔리는 것은 충분조건이라 할 수 있다는 것이다. 상품이 시장에서 팔려야 자본은 제 구실을 할 수 있다. 그런데 상품은 생산과정, 즉 공장에서 만들어진 가격(단순가격)으로 시장에서 팔리지 않는다. 시장가치를 나타내는 가격은 '생산가격'이다. 자, 한 예로 아래의 도표를 보면서 이야기를 해보도록 하자.

	C (기계)	V (노동력)	S (잉여노동)	C+V+S (단순가격)	P (평균이윤)	C+V+P (생산가격)	P-S
자본가 I	90	10	10	110	20	120	+10
자본가 II	80	20	20	120	20	120	0
자본가 III	70	30	30	130	20	120	-10

<표>: 같은 부문의 자본들 간의 경쟁을 바탕으로 시장에서의 가격 경쟁이 어떻게 이루어지고 그 때문에 발생하는 자본주의의 모순을 암시하는 표.

C(불변자본, Constant capital): 기계, 공장 부지, 원료 등을 뜻하는데, 새로운 가치를 만들어낼 수 없는 자본을 뜻한다.
V(가변자본, Variable capital): 노동자의 노동력을 뜻하는데, 새로운 가치를 만들어낼 수 있는 자본을 뜻한다.
S(잉여노동 또는 잉여가치, Surplus)
C+V+S: 단순가격으로서 하나의 상품을 만드는 데 들어간 비용을 뜻하는데, 시장에 나오기 전의 그 상품의 가치를 나타낸다.
P(평균이윤, Profit): 시장가치로서 생산가격이 형성되었을 때의 이윤을 뜻한다.
C+V+P: 생산가격으로서 단순가격이 시장에서 가격 경쟁을 통해 형성된 가격이다.

〈표 1〉에서 자본가 Ⅰ, Ⅱ, Ⅲ 모두 하나의 상품을 만드는 데 총 100원(C+V)을 투자하고, 잉여가치율(S′ =V/S)이 모두 100%라고 가정한다. 이때 상품은 단순가격으로 팔리는 것이 아니라 자본가들의 경쟁에 따라 단순가격들의 평균인 120원에 팔리는 것으로 형성된다.

"생산가격은 평균이윤을 포함한다. 우리가 생산가격이라고 부르는 것은 사실상 애덤 스미스의 '자연가격', 리카도의 '생산가격' 또는 '생산비', 그리고 중농학파의 '필요가격'과 동일한 것이지만, 이들 중 아무도 생산가격과 가치 사이의 차이를 해명하지 못했다. 우리가 생산가격이라고 부르는 이유는, 그것이 장기(長期)에 걸쳐서 보면 각각의 특정한 생산 분야에서 상품의 공급 조건이며 상품의 재생산의 조건이기 때문이다. 우리는 또한, 상품의 가치가 노동시간에 의해 규정된다는 것을 반대하는 바로 그 경제학자들이 왜 생산가격을 시장가격(수요와 공급의 변화에 따라 생산가격을 중심으로 등락하는 가격─필자 삽입)의 변동의 중심으로서 항상 이야기하고 있는가를 이해할 수 있다. 그 이유는, 생산가격이 이미 상품가치의 완전히 외면화(外面化)된 명백히 무개념적인 형태─경쟁 중에서 나타나며, 그리하여 세속적인 자본가의 의식 중에 따라서 또 속류경제학자의 의식 중에 있는 형태─이기 때문이다."(245쪽)

이때 자본가 Ⅰ, Ⅱ, Ⅲ 중 자본가 Ⅰ이 가장 많은 이득을 취한다. 즉 단순가격에 10원의 이득이 더 붙는다. 그 다음에는 자본가 Ⅱ이고, 그 다음에는 자본가 Ⅲ이다. 자본가 Ⅱ는 단순가격과 생산가격이 같고, 자본가 Ⅲ은 단순가격에서 10원을 손해본다. 가격 경쟁에서 자본가 Ⅰ이 우위를 점하면서 더 많은 이윤을 창출한다. 다시 말해, 이윤량이 증가하고 있다는 것을 보여준다. 그리고 이윤량의 증가는 표에서 보는 것처럼 잉여가치율(s/v) 또는 착취율을 증가시켜 연간 이윤율도 상승시킨다.

그런데 우위를 점하고 있으면서 더 많은 이윤을 창출하는 요인이 무엇일까? 그것은 자본가 Ⅰ이 자본가 Ⅱ, Ⅲ보다 자본의 유기적 구성도(C/V)가 높다는 것이다. 자본의 유기적 구성도가 높다는 것은 가변자본이 적어진다는 것, 즉 노동자의 임금이 차지하고 있는 부분이 적어지고, 불변자본이 많아진다는 것, 다시 말해, 사람이 일하던 것을 기계로 대체한다는 것이며, 그 기계의 효율을 최대한 높여서 노동 강도를 엄청나게 강하게 한다는 것이다. 이러한 것은 오늘날 우리가 '구조조정'이라고 일컫는다.

그리고 가변자본이 줄어든다는 것은 곧 가변자본에 의해 생겨난 잉여가치(S)가 줄어든다는 것을 의미한다. 또한 잉여가치가 줄어든다는 것은 이윤율(S/C+V)이 줄어든다는 것이다.

"자본의 증대(즉 자본의 축적)가 이윤율의 저하를 일으키는 것은, 이 증대가 자본의 유기적 구성부분들 사이의 비율을 변동시키기 때문일 뿐이다."(329쪽) 이 이윤율은 경제성장률 지수의 척도와 관련이 있다. 위 표에서 보다시피 자본 Ⅲ의 이윤율은 30/100인데 자본Ⅰ의 이윤율은 10/100이다. 서구 선진국의 경제성장률이 1~2%대에 머무르는 것은 이와 무관하지 않다.

여기에서 하나의 모순을 발견할 수 있다. 이 모순은 '연간 이윤율의 상승'과 '이윤율의 저하 경향'이다. 즉 이윤율의 증가와 저하 경향이 동시에 일어나고 있다. 이러한 모순은 추상에서 구체로의 상승 방법(과학적 방법)에 의거하지 않고서는 설명될 수 없다. 이러한 모순이 "표면에 나타나는 형식은 오직 개별상품의 이윤량 감소, 개별상품의 가격 하락, 그리고 사회적 총자본(또는 개별자본가의 총자본)이 생산하는 증가한 상품총량에 포함된 이윤량 증가다. 그리하여 이 현상은 다음과 같이 잘못 이해되고 있다. 즉 자본가는 자발적으로 개별상품에 대하여 이윤을 더 적게 붙이지만, 자기가 생산하는 상품의 수량이 증대하기 때문에 보상을 받는다는 것이다. 이 견해는 상업자본의 입장에서 비롯되는 양도이윤[자본가는 상품을 가치 이상으로 팔아 이윤을 얻는다]의 관점에 근거하고 있다."(286~287쪽)

상황(이윤율의 증가와 저하라는 모순된 상황)이 이러한데도 마르크스가 '이윤율 저하 경향의 법칙'이라고 제목을 붙인 것은 아마도 '상승 방법' 때문일 것이다. "마르크스의 경제학 방법론에 따르면, 생산·유통·분배의 영역 중에서 생산 영역이 가장 중요하고, 서술 방법에서는 단순한 것이 복잡한 것(즉, 여러 가지 개념들이 결합된 것)보다 먼저 등장한다. 노동생산성을 상승시키는 자본의 기술적 구성의 고도화는 먼저 '생산과정'에서 노동자를 상대적으로 감축시키기 때문에 이윤율을 저하시킨다. 그다음으로 노동생산성의 상승은 생산물 한 단위의 생산에 필요한 노동량을 감축시키며, 이 생산물의 가치는 시장('유통과정')에서 실제로 저하한다. 더욱이 부가가치 생산액이 이윤과 임금으로 분할되어 잉여가치율을 결정하는 것은 노자 간의 '분배투쟁'을 통과해야만 한다. 다시 말해, 이윤율을 상승시키는 상품 가치의 저하나 잉여가치율의 상승은 단순히 '생산과정'에서 결정되는 것이 아니라 유통과정이나 분배과정을 추가적으로 통과해야만 한다. 따라서 생산 영역에서 형성되는 이윤율의 저하 경향이 상승 경향보다 더욱 중요할 뿐만 아니라 서술 순서에서 앞서기 때문에, 마르크스는 '이윤율 저하 경향의 법칙'이라고 불렀다고 말할 수도 있다."[21]

---

21 김수행, 『자본론의 현대적 해석』(서울대학교 출판부, 2009), 233~234쪽.

이윤율 저하 경향은 자본의 이윤 증대를 꾀한 결과이며, 이는 곧 노동력을 감소시킨다. 그리고 이 노동력의 감소는 다시 이윤율의 저하 경향을 가져와서 자본의 이윤 증대를 꾀하게 되며, 다시 노동력을 감소시킨다. 다시 말해, 이러한 순환 과정은 '이윤율의 저하 경향 → 자본의 이윤 증대를 꾀한 결과 → 노동력의 감소 → 이윤율의 저하 경향 → 자본의 이윤 증대를 꾀한 결과 → 노동력의 감소 → 이윤율의 저하 경향 → ……'이다. 노동력의 감소는 노동자의 임금 전체가 상대적으로 줄어든다는 것이며, 비정규직과 실직자가 늘어난다는 것이다. 이러한 순환 과정이 계속 되풀이되면서 대다수 일하는 사람들의 삶은 피폐해지고 황폐해진다.

다른 한편 노동력의 감소는 과소소비 상태를 불러온다. 과소소비 상태란 생산한 양에 비해 소비하는 양이 턱없이 부족하다는 뜻이다. 생산한 상품은 점점 더 많아지는데, 그 상품을 소비할 수 있는 노동자의 전체 임금량은 상대적으로 많이 줄어든다. 그러면 이미 생산된 상품은 창고에 쌓인다. 상품이 창고에 쌓인다는 것은 자본 회전·회수가 원활하지 못함으로써 더 이상 생산하는 것이 어렵다는 것이다. 그러면 IMF와 같은 경제 공황을 맞이한다. 자본가는 이러한 경제 공황 해법으로 모순적인 이중 해법을 제시한다. 즉 노동자의 임금을 상대적으로 더 낮추려 하면서 동시에 노동자가 이전보다 훨씬 더 많은 소비를 하기를 원한다.

지금까지 살펴보았던 자본주의 생산과 관련해 세 가지를 주요 사실로 정리해볼 수 있다.

"(1) 몇몇 사람의 손 안에 생산수단이 집적된다. 따라서 생산수단은 직접적 노동자의 소유로서 나타나지 않게 되며, 그 반대로 사회적 생산능력으로 전환된다—비록 처음에는 생산수단은 자본가의 사적 소유였지만, 자본가는 부르주아 사회의 수탁자이지만, 이 수탁의 모든 과실을 혼자 취득한다.

(2) 노동 그것을 협업, 분업 및 노동과 자연과학의 결합을 통해 사회적 노동으로 조직한다.

위의 두 측면에서 볼 때 자본주의적 생산양식은 사적 소유와 사적 노동을, 비록 모순적인 형태들을 통해서이긴 하지만, 철폐한다.

(3) 세계시장의 형성.

자본주의적 생산양식에서 발달하는 인구에 비한 거대한 생산력, 그리고 이것과 동일한 비율은 아니더라도 인구보다 훨씬 더 빨리 증가하는 자본가치(이것의 소재적 실체뿐 아니라)는, [부의 증대에 비해 점점 더 좁아지고 있으며, 그리고 이 거대한 생산력이 작용하는] 기초와 모순하게 되며, 그리고 또 이 증대하는 자본의 가치증식조건들과 모순하게 된다. 이리하여 공황이 생긴다."[22]

제7편 수입과 그 원천

마르크스는 자신의 유물론적 변증법(추상에서 구체로 상승하는 방법, 과학적 방법)에 의한 자본주의 생산과정에 대한 지금까지의 고찰을 통해서 속류 경제학의 삼위일체 공식의 오류를 정리하고 있다. 그리고 이런 비판을 통해 자본주의 생산양식이 역사적으로 특수한 생산양식이며, 이 생산양식의 생산관계와 분배관계가 어떻게 이루어지는지, 그리하여 이러한 관계들이 사회적으로 어떻게 계급 관계로 등장하는지를 자신의 과학적 방법에 따라 분석하고 있다.

"자본-이윤(기업가 이득+이자), 토지-지대, 노동-임금; 이것은 사회적 생산과정의 모든 비밀을 지니고 있는 삼위일체의 공식이다."[23] 이는 속류 경제학의 삼위일체의 공식이다. 이 공식의 세 항은 속류 경제학에서 서로 연관성이 없는, 개별적인 것들이 '다발'로 묶인 형태로 나타난다. 즉 이 세 항은 "완전히

---

22 카를 마르크스, 『자본론Ⅲ (상)』, 김수행 옮김, 비봉출판사, 2015, 333쪽.
23 카를 마르크스, 『자본론Ⅲ (하)』, 김수행 옮김, 비봉출판사, 2015, 1033쪽. 이하 같은 책, 쪽수만 기입.

별개의 분야에 속하고 있으며 서로가 어떤 유사성도 가지고 있지 않다"는 것이고, "그 원천들 [자본, 토지, 노동]의 상호관계는 마치 변호사의 수수료, 사탕무 뿌리, 음악 사이의 관계와 마찬가지"(1033쪽)라는 것이다. 이는 앞에서도 언급했듯이 근대 경험론적 세계관에 기인한다. 그러나 이윤, 지대, 임금이라는 수입은 노동자가 새로 창조한 잉여가치의 세 가지 형태로서, 그 원천은 노동자의 잉여노동이다. 그러므로 이러한 수입의 형태는 단지 우리 눈앞에 보이는, 그리하여 아무 내용도 아직 가지고 있지 않은 감각 경험으로서가 아니라 '가치(추상적 인간노동 일반) → 잉여가치(잉여노동) → 수입들(이윤, 지대, 임금)이라는 상승 방법에 의해 설명되어야 하는 가장 구체적이고 현실적인 것이다.

다른 한편, 속류 경제학은 자본주의 생산양식을 '역사적이고 특수한 사회양식'이 아니라 모든 사회에 공통적인 '자연적인 것'으로 파악하고 있다. 이 또한 근대 경험론적 세계관에 근거하고 있다. 경험론에서의 과학은 감각 경험으로부터 받아들인 모든 현상들로부터 공통적이고 일반적인 것들(이는 가장 단순한 것이다)을 추상해, 이 추상을 '자연적인 법칙'으로서 간주한다. 그리하여 '자본-이윤'을 '자본-이자'라는 공식으로 대체하는 것이 속류 경제학에 더 어울리는 것이 된다. 왜냐하면 "자본주의적 생산양식을 특징지우는 잉여가치 형태인 이윤이 다행히도 사라져버리기"(1003쪽) 때문이다. 더 나아가 '자본-이자'라는 공식은 '생산수단-이자'라는 공식으로 대체되는 것이 더 적절할 것이다. 왜냐하면 생산수단은 자본 개념이 규정하고 있는 역사적 특수성을 아예 없애버리는 초역사적(자연적)인 개념으로 나타나기 때문이다. 그러므로 속류 경제학의 삼위일체 공식은 '생산수단-이자, 토지-지대, 노동-임금'이 더 어울릴 것이다.

따라서 마르크스는 속류 경제학을 다음과 같이 비판한다. "속류 경제학은 부르주아적 생산관계에 사로잡혀 있는 생산 담당자들의 관념을 교조적으로 해석하고 체계화하며 변호하는 일 말고는 아무것도 하지 않는다. 그러므로 속류 경제학은 경제관계들의 현상형태[이것은 경제관계를 잘못 반영하고 있으며 여기에서는 경제관계들이 분명히 불합리하고 완전히 모순적인 것으로 나타난다]에 파묻혀 매우 편안하게 느낀다는 점, 그리고 경제관계와 현상형태 사이의 내부 관련이 숨겨져 있으면 있을수록 [그리고 그 상호관련을 평범한 관념으로 이해하기 쉬우면 쉬울수록] 속류 경제학에게는 그 상호관련이 그만큼 더 자명한 것으로 나타난다는 점은 결코 놀라운 일이 아니다. 만약 사물의 현상형태와 본질이 직접적으로 일치한다

면 모든 과학은 불필요하게 될 것이다."(1037쪽)

마르크스의 속류 경제학에 대한 비판은 "필연의 왕국"으로부터 "자유의 왕국"으로 넘어가는 토대이다. "미개인이 자기의 욕구를 충족시키기 위해 그리고 자기의 생활을 유지하고 재생산하기 위해 자연과 투쟁해야만 하듯이, 문명인도 그렇게 해야만 하며 어떤 사회형태에서도 그리고 있을 수 있는 모든 생산양식에서도 그렇게 해야만 한다. 문명인의 발전에 따라 욕구들도 확대되기 때문에 이 자연적 필연의 영역이 확대된다. 그러나 동시에 이런 욕구를 충족시키는 생산력도 확대된다. 이 영역에서 자유는 오직, 사회적으로 된 인간, 연합한 생산자들이 자기들과 자연 사이의 물질대사를 합리적으로 규제함으로써 그 물질대사가 맹목적인 힘으로 그들을 지배하는 것이 아니라 그들이 그 물질대사를 집단적인 통제 아래에 두는 것, 그리하여 최소의 노력으로 그리고 인간성에 가장 알맞고 적합한 조건 아래에서 그 물질대사를 수행하는 것에 있다. 그러나 이것은 여전히 아직 필연의 영역(realm of necessity)이다. 이 영역을 넘어서야만 진정한 자유의 영역——즉 인간의 힘을 목적 그 자체로서 발전시키는 것——이 시작된다. 자유의 영역은 필연의 영역을 그 토대로 해야만 개화될 수 있다. 노동일의 단축은 그 기본적인 전제조건이다." "자유의 영역(realm of freedom)은 궁핍과 외부적인 편의가 결정하는 노동이 끝장나는 곳에서 비로소 진정으로 시작되며, 따라서 그 본성상 현실적인 물질적 생산의 영역을 넘어서서 존재한다."(1040쪽)

속류 경제학이 자본주의 생산방식을 모든 사회의 생산양식에 공통적인 것으로 나타나는 자연법칙(초역사적인 것)과 같은 것으로 파악하는 것으로 범하는 오류와는 달리, "자본주의적 생산양식은 특수한 종류의 생산양식이며 특수한 역사적 규정성을 가진 생산양식"이다. 그리고 "이 특수한 역사적으로 규정된 생산양식에 대응하는 생산관계——즉 사람들이 그들의 사회적 생활과정에서 또는 그들의 사회적 생활의 생산에서 맺게 되는 관계들——는 특수하고 역사적이며 일시적인 성격을 가지고 있다는 것; 그리고 끝으로 분배관계는 본질적으로 이 생산관계와 동일하며[생산관계의 뒷면이며] 따라서 이 둘은 마찬가지로 역사적으로 일시적인 성격을 함께 가지고 있다는 것이다."(1112~1113쪽)

그러므로 분배관계를 생산관계로부터 분리해 분배관계만을 개혁하고자 하는 것은 개량적인 것에 그치고 만다. 왜냐하면 이는 속류 경제학의 생각을 넘어서지 못하는 것이며, 이런 속류 경제학의 생각은 사회의 소수가 생산수단과 생활수단을 독점적으로 소유한 결과로 나타난 것이기 때문이다. 생산관계

176

는 자연법칙과 같은 초역사적인 것으로 생각하는 반면에, "오직 분배관계만을 역사적인 것으로 생각하며 생산관계를 그런 것으로 생각하지 않는 견해는, 부르주아 경제학에 대한 초기의 아직 소극적이고 제한적인 비판에 불과하다. 그 견해는 사회적 생산과정을 단순한 노동과정[비정상적으로 고립된 인간이 어떤 사회적 도움도 없이 수행해야 하는 노동과정]과 혼동·동일시하는 것에 근거하고 있다."

"노동과정이 인간과 자연 사이의 단순한 과정인 한, 그것의 단순한 요소들은 노동과정의 모든 사회적 발전형태들에 공통된 것이다. 그러나 노동과정의 특수한 역사적 형태들은 각각 이 과정의 물질적 토대와 사회적 형태를 더욱 발전시킨다. 일정한 성숙단계에 도달하면 그 일정한 역사적 형태는 버리게 되고 더 높은 형태에 자리를 양보한다. 이와 같은 위기의 순간이 도래하였다는 징조는, 한편에서는 분배관계 그리고 그것에 대응하는 생산관계의 특수한 역사적 형태와, 다른 한편에서는 생산력·생산성 그리고 생산력 구성요소들의 발달 사이의 모순·대립이 확대되고 심화된다는 점이다. 그리하여 생산의 물질적 발전과 생산의 사회적 형태 사이에 충돌이 생긴다."(1119쪽)

근대 경험론(이 경험론은 기계적 유물론이라는 또 다른 이름을 가지고 있다)의 세계관에 근거한 속류 경제학에게 자본주의 사회의 계급은 3개이다. "임금·이윤·지대를 각각의 수입으로 삼고 있는 단순한 노동력의 소유자·자본의 소유자·토지의 소유자, 즉 임금노동자·자본가·토지 소유자는 자본주의적 생산양식에 근거하고 있는 근대 사회의 3대 계급이다."(1120쪽)

그런데 "무엇이 계급을 형성하는가?" 그 대답은 "하나의 계급은 수입과 수입 원천이 동일하다는 점이다." 그런데 이러한 속류 경제학 식의 대답은 근대 사회의 계급이 3개를 넘어서서 무한하게 많은 계급을 형성할 수도 있다. 왜냐하면 3대 계급은 사회적 분업의 결과로 나타난 것이고, 그에 따라 "사회적 분업에 의해 노동자뿐 아니라 자본가와 토지소유자는 포도밭소유자·경작지소유자·삼림소유자·광산소유자·어장소유자 따위로 세분된다—에도 적용될 것이다."(1121쪽) 무한하게 많은 계급이라는 것은 곧 계급이 없다는 말과 동일하다. 그러므로 종국적으로 속류 경제학에서는 계급이 존재하지 않는다. 자본가계급과 노동자계급 간의 계급적 충돌(계급투쟁), 그리고 자본주의 모순으로부터 터져나오는 각종 사회적 갈등이나 투쟁들은, 속류 경제학 관점에 따르자면, 각 이익 집단이나 개별적 개인들의 이기주의적 행동에 지나지 않는 것으로 나타난다.

"왜 '계급'으로 『자본론』이 끝나고 있을까? ……마르크스는 자본주의 경제를 완전히 분석하기 위해 자본, 임금노동, 토지재산, 국가, 대외거래, 세계경제라는 여섯 권의 책을 계획했다. 그런데 『자본론』에서는 자본, 임금노동, 토지재산을 자본의 일반적 성격을 폭로하는 수준에서나마 다루었기 때문에, '국가'로 넘어가기 위해 '계급'을 다루지 않을 수 없었을 것이다.[24] 다시 말해, 마르크스 자신의 과학적 방법인 '추상에서 구체로 상승하는 방법'에 의해 이 여섯 권의 책을 계획했고, 그 계획에 따라 계급투쟁을 조정하는 지배계급의 도구로서 '국가'로 '상승'하기 위해서 그전에 '계급'을 다루고자 했던 것으로 볼 수 있다. 그러나 계급의 내용도 중간에 중단되어 있다.

지금까지 보았듯이 마르크스의 『자본론』은 자본의 법칙이 자연법칙처럼 어떻게 작동하는지를 '관조적'으로 해석하는 경제서가 아니라 마르크스의 '실천적'인 유물론이 녹아 있는 '과학'서이다. 다시 말해, 자본이 인간 해방을 어떻게 가로막고 있는지, 그리고 노동자계급이 이 장애를 어떻게 넘어설 수 있는가를 '과학적'으로 제시하고 있는 대표 저작이라고 말할 수 있다. 그리고 유물론의 '과학성'을 드러내기 위해 사용한 방법이

---

24 김수행, 『자본론의 현대적 해석』, 서울대학교 출판부, 2009, 285쪽.

있는데, 이 방법은 '추상에서 구체로 상승하는 방법'으로서의 변증법이다. 그리하여 『자본론』은 하나의 과학으로서 유물론과 변증법이 종합·통일되어 있다고 말할 수 있다.

3장

철학의 이정표

첫 번째 이정표

『독일 이데올로기』
카를 마르크스 · 프리드리히 엥겔스
두레, 2015

마르크스와 엥겔스의 『독일 이데올로기』(1845~1846)는 2권으로 기획되었다. 1권은 바우어와 슈티르너의 관념론적 역사철학을 비판하는 데 초점을 두었다. 마르크스와 엥겔스는 이런 비판 과정에서 그들이 옹호했던 포이어바흐 유물론의 한계를 깨닫고 추상적 유물론에서 실천적 유물론으로 이행한다. 즉 「포이어바흐 테제」에서 보듯이 인간 역사를 "감각적인 인간 활동, 실천으로서, 주체적으로 파악하는 유물론"이라는 보다 고차적이고 총체적인 유물론이다.

2권에서는 독일의 진정 사회주의(모제스 헤스 등은 생시몽 등의 프랑스 사회주의 사상을 독일화해 이를 진정 사회주의로 불렀다)를 비판했다. 마르크스와 엥겔스는 2권에서 공상의 산물인 '관조적인' 형태의 진정 사회주의의 한계를 지적하고 인간의 실천적이고 변혁적인 역사를 반영한 공산주의 사상(실천적 유물론의 사상)으로 이행할 필연성(관조적인 자연법칙으로서의 필연성이 아니라, 세계를 변혁하는 것을 자신의 본성으로 삼고자 하는 실천적 자유의지로서의 필연성)을 제시했다.

『국부론』
애덤 스미스, 비봉출판사, 2007

마르크스의 기존 유물론의 비판적 계승의 한 축에는 애덤 스미스의 『국부론』(1776)이 있다. 『국부론』의 경제 이론에는 그 이론의 토대가 되는 철학적 세계관과 인간관이 녹아 있다. 『국부의 본질과 원인에 관한 연구(*An Inquiry into the Nature and Causes of the Wealth of Nations*)』, 또는 『국부론(The Wealth of Nations)』은 계몽주의 시대인 1776년 3월 9일에 출판된, 애덤 스미스의 주요 저작이다. 이 책은 무엇이 국가의 부를 형성하는가에 대한 설명을 담고 있으며, 오늘날 고전 경제학의 기초적인 저작으로 여겨진다. 이 책은 산업혁명 태동기의 경제를 반영해 노동 분업, 생산성, 자유 시장 등 광범위한 주제를 다룬다.

스미스의 경제 이론의 최대 공적은 자본주의 사회를 상품 생산의 구조로서 다룬 점에 있다. 자유 경쟁에 의한 자본의 축적과 분업의 발전이 생산력을 상승시켜 모든 사람의 복지를 증대한다는 것이 스미스의 주된 주장이었다.

스미스는 국가의 부를 향상하는 것에 대한 책을 썼지만, 그것은 단순히 국가의 부를 증대하는 방법이나 정책, 또는 시장에서 부의 교환에 관한 것만 다룬 것은 아니었다는 점에서 중농주의나 중상주의와는 달랐다. 그는 인간의 노동이야말로 부의 본질이라고 생각했고, 노동을 통한 생산이 있을 때 비로소 부가 증대하며, 수출입과 같은 유통은 물건의 생산 이후에 이루진다고 했다. 이처럼 스미스는 노동을 다른 어떤 것으로 바꿀 수 없는 절대적인 부의 기준으로 본다. 그래서 『국부론』에는 무엇보다 '인간의 노동', '노동의 인간학'이 가장 큰 비중을 차지한다. 스미스의 철학적 세계관은 근대 경험론이라는 기존의 유물론 세계관이며, 그의 인간관은 이 세계관과 직접적으로 연관되는 순수하게 개별적이고 원자화된 개인을 전제로 하고 있다. 근대 경험론은 변화하는 세계에 대한 우리의 관념(앎)이 단지 세계를 수동적으로 그대로 받아들이고 있다는 철학적 세계관이다.

이 철학적 세계관에 따르면, 자본주의적 생산과 그 생산물의 교환은 인간의 노동에 의해 이루어지는 자연스러운 법칙(보이지 않는 손)으로서 우리가 마땅히 받아들여야 하고 따라야 할 것으로 나타난다. 그리하여 스미스는 이러한 자유로운 생산과 교환을 가로막는 '독점'을 엄청나게 비판했다. 이렇게 될 때 자본의 법칙은 어찌할 수 없는 '관조적'인 자연법칙이 되고, 국부의 생산자들(노동자들)은 이 자연법칙의 주체가 아니라 '대상'으로 전락한다. 마르크스는 스미스의 유물론적 세계관의 한 축인 노동가치설을 받아들이면서도, 다른 한축인 자본 법칙의 '관조성'과 생산자(노동자)의 '대상성(소외)'을 비판했다.

『기독교의 본질』
루트비히 폰 포이어바흐, 한길사, 2008

　　마르크스의 기존 유물론의 비판적 계승의 다른 한 축에는 포이어바흐의 유물론이 있다. 포이어바흐 유물론의 대표 저서는 『기독교의 본질』(1841)이다. 포이어바흐는 여기에서 종교와 신학의 비밀을 폭로함으로써 그리스도교에 대한 비판을 철저하게 수행하고자 했다. 유물론적인 세계관으로 예리하게 그리스도교를 비판했던 이 저서는 당시의 독일 헤겔 철학에 일정 정도 비판적이었던 사람들(특히 헤겔 좌파의 사람들)에게 커다란 영향을 주었다. 젊은 마르크스와 엥겔스도 한때는 열광적으로 포이어바흐의 유물론적 세계관을 받아들였다.

　　포이어바흐에게 신이란 이상화된 인간 이외의 어느 것도 아니며, 신을 안다는 것은 인간이 자기 자신의 본질을 아는 것에 불과하다. 그리하여 포이어바흐는 천상에 있는 신을 지상으로 끌어내렸으며, 신이 인간의 자기소외이며 자기상실(自己喪失)의 표상이라고 했다. 즉 인간은 종교 속에서 자기가 만들어낸 신의 노예가 되어 자기 자신을 완전히 잃어버렸으며, 인간이 자기의 본질(인간다움)을 대상화함으로써 생겨난 신이 더욱더 인간적이고 또 적극적일수록 개개의 인간은 점점 더 동물적이고 소극적인 존재로 왜소화되어간다는 것이다. 따라서 인간에게 있어 중요한 것은 종교 속에서 잃고 있는 자기, 즉 인간성을 회복하는 것이라고 했다. 그러기 위해서는 그리스도교의 본질이 인간의 본질임을 자각하고 신학을 인간학으로 개조하지 않으면 안 된다고 함으로써 신이 아닌 인간을 종교의 중심에 두어야 한다고 했다.

『정신현상학』
게오르크 빌헬름 프리드리히 헤겔,
한길사, 2005

마르크스의 독일 관념론(변증법)의 비판적 계승의 대표 저
서로서 헤겔의 『정신현상학』(1807)이 있다. 헤겔은 기존의 유
물론으로서의 근대 경험론과 기존의 관념론으로서의 근대 합
리론을 종합·통일한 철학자이다. 그런데 철학사적으로 보자
면 근대 경험론은 근대 합리론으로 귀결(버클리)되거나 불가지
론(흄)으로 빠진다. 과학으로서 철학이 성립하려면, 후자보다는
전자가 되어야 한다. 끝없이 변화하는 경험론의 내용은 절대적
으로 불변하는 이성(절대정신)의 내용이 된다. 이것이 헤겔의 변
증법의 골격이다. 이 골격에 따라 절대정신(이성)이 자신의 내
용을 통해 세상에 드러나게(현상하게) 된다. 절대정신이 자신을
이 세상에 현상하게 하는 과정을 서술한 것이 『정신현상학』이
다. 『정신현상학』에 따르면 '지금' '이곳'에 '이것'을 보는 감각

경험에 의한 인식은 불확실하고, 전체에 걸친 진리를 포착하지 못한다. 헤겔은 참다운 인식으로 나아가는 발전을 '감성에 관한 확신에서 지각(知覺)으로, 다시 오성(悟性＝知性)으로'라는 의식(意識)의 발전이요, 자의식의 발전이며 나아가서 보편화한 자의식으로서 이성(理性)의 여러 단계이고 종교의 여러 단계를 거쳐 드디어 사유와 존재의 일체성을 절대로 인식하는 절대지(絶對知)의 단계에 도달하는 발전으로 설명했다.

헤겔은 『정신현상학』에서 역사에 나타나는 여러 가지 의식 형태, 이데올로기를 이 발전의 측면에서 비판적으로 이해하면서, 자연과학다운 개념 형성 이외에 예술, 종교, 국가, 소유, 사회성을 띤 여러 관계, 도덕을 위시한 여러 문제를 풍부하게 다루었다. 또한 독일 관념론이나 고전이 될 만한 의의와 내용이 있는 독일 철학의 최대 유산으로서 변증법, 즉 발전의 논리를 훌륭하게 전개하고 있다. 『정신현상학』에서는 특히 '주인과 노예'란 한 구절이 유명하다. 노예는 주인을 위해 봉사해야 한다. 노예는 노동을 매개로 자연에 관계하면서 주인의 생활을 책임진다. 노예는 노동을 통해 노동만이 공포를 부정하면서 생명을 유지할 수 있는 유일한 길이라는 자립적 의식을 확립한다. 인간은 자연의 대상화, 외화(外化), 소외(疏外)와 그 지양(止揚)이라는 과정으로 자기 자신을 산출하고 창조한다. 인간은 인간 자신이 노동한 성과이다. 주인과 노예의 변증법은 자신의 처지를 넘어서야만 하는, 그리하여 넘어설 수밖에 없는 노예 자신의 실천적 의지와 매우 밀접한 연관성을 가지는 것으로서, 마르크스의 실천적 유물론과 만날 수 있는 지점이라 할 수 있겠다.

다섯 번째 이정표

『자연변증법』
프리드리히 엥겔스, 새길아카데미, 2012

엥겔스의 『자연변증법』(1883)은 미완성 유고이다. 『자연변증법』은 엥겔스가 자신의 이전 저서 『반뒤링론』에서 전개했던 자연에 대한 생각들을 보다 풍부하게 발전시킨 저서이다. 그리고 마르크스가 세상을 떠난 이후에 정립된 '변증법적 유물론'의 근거가 되는 책이기도 하다. 엥겔스의 『자연변증법』은 변증법적 법칙들이 자연의 현실적 법칙들이고 이론적 자연 연구에서도 타당하다는 사실을 입증한다. 이것은 『자연변증법』이 자연과 역사의 포괄적 인식 체계를 서술한 것이 아니라 오히려 변증법적 법칙들을 자연과학의 성과물들 속에서 발견해 발전시키는 것을 뜻한다. 그리고 이러한 자연의 변증법적 법칙들은 인간의 삶에서 절대적으로 받아들여야 할 법칙이 되는 것으로 보인다. 따라서 자연변증법은 자연과 역사에서 변증법적 법칙들을 도출하고 적용하는 유물 변증법이다.

엥겔스의 『자연변증법』은 마르크스주의의 역사에서 상당한 논란을 불러일으키는 저서이다. 이러한 논란은 크게 두 가지이다. 먼저 게오르크 루카치에 따르면, 자연의 불변적인 법칙으로서의 변증법적 법칙들이 인간과의 관계에서는 인간이 수동적으로 받아들일 수밖에 없는 '관조적'인 법칙이 되고, 그리하여 인간의 주체로서의 '실천'이 사라진다는 것이다. 그리고 또 이와 관련해 엥겔스의 '자연'이 헤겔 변증법의 '주어'인 '절대정신'을 단지 대체하는 대체물이고 그리하여 엥겔스의 자연변증법은 헤겔 변증법의 아류에 지나지 않는다는 것이다. 만일 이러한 비판이 타당한 것이라면, 인간 사회 역시도 자연의 일부이기 때문에 특정한 역사적 인간 사회인 자본주의 사회 역시도 자연의 변증법 법칙에 지배된다. 따라서 마르크스의 『자본론』은 자연의 일부인 자본주의 사회의 자본의 법칙을 '관조적'으로 서술한 것에 지나지 않는다는 평가를 받을 수 있다. 그리하여 노동자계급 역시 자본의 '이성의 간지'의 대상으로서 혁명의 주체가 될 수 없다. 그런 점에서 엥겔스의 『자연변증법』은 마르크스의 『자본론』에 내재해 있는 마르크스의 유물론의 특성을 해명하는 데 있어서 아주 중요한 저작이라 할 수 있다.

『철학 노트』
블라디미르 레닌, 논장, 1989

　레닌의『철학 노트』도 마르크스의 유물론을 정통적으로 계
승한다는 평가를 받는 대표적인 저서이다. 레닌은『철학 노트』
에서 형식논리학을 비판했다. 그는 데모크리토스의 원자론과
같은, 쪼개지지 않는 미세한 고체라는 물질 관점이 형식논리학
이 갖는 물질 관점의 한계라고 비판했고, 근대 이후 과학의 성
과를 옹호하는 한편, 물질이 각 대립물 사이에서 진행되는 투
쟁의 가장 본질적인 측면을 현상하는 것이라고 봤다. 물질은
대립물의 투쟁, 상호 통일의 과정 자체이며, 끊임없이 자기 운
동하는 실체이자 존재 본질이고, 의식을 파생하며, 각 모순의
진행 수준을 매개하는 가장 기본적인 존재라고 했다.
　이『철학 노트』에서 가장 중요한 부분은 헤겔 논리학에 대
한 연구였다. 이 연구에서 레닌의 본래 목적은 '헤겔의 관념론

을 뒤집어' 마르크스의 유물론에 대한 올바른 설명을 제시하는 데 있었다. 그러나 그의 강조점은 헤겔에 대한 비판적 설명으로부터 '헤겔 사상의 변증법적 원리의 열정적 수용으로 전환'되었다는 평가를 받고 있다.

『철학 노트』에서 가장 유명한 레닌의 논평은 헤겔과 『자본론』의 관계에 대해서다. 레닌은 "헤겔 논리학 '전부'를 철저히 연구, 이해한 후가 아니면, 마르크스의 『자본론』, 특히 제1장을 완전히 이해할 수 없다. 그 결과, 반세기가 지난 지금까지도 마르크스를 제대로 이해한 마르크스주의자가 한 사람도 없다!"고 말했다. 그리하여 "어리석은 유물론보다 똑똑한 관념론이 똑똑한 유물론에 가깝다"고 말했다. 이러한 것을 볼 때, 『철학 노트』에서 레닌의 견해가 유물론과 관념론의 대립으로부터 변증법적 사고와 비변증법적 사고의 대립으로 바뀌었다는 평가가 나왔다. 레닌은 변증법적 사유를 대단히 중요한 것으로 여겼는데, 변증법의 법칙들 중에서 대립물들의 갈등과 통일이 변증법의 제일 중요한 법칙이라고 끊임없이 강조했다. 이러한 레닌의 견해와 이에 대한 평가는 마르크스가 『자본론』 서문에서 "헤겔의 변증법이 거꾸로 서 있다"라고 한 것과 관련하여 세심하게 고찰할 필요가 있다.

생애 연보

1818년 독일 남부 트리어에서 변호사인 아버지 하인리히 마르크
스와 어머니 헨리에테 사이에서 태어나다(5월 5일).

1830년 프랑스 7월 혁명이 발생하다. 트리어의 김나지움에 들어
가다.

1835년 본대학교 법학부에 입학하다.

1836년 베를린대학교 법학부로 옮기다.

1841년 예나대학교 철학부에서 철학박사 학위를 받고 트리어로
돌아오다.

1842년 《라인 신문》에 기고를 시작하다. 《라인 신문》 편집장이
되다.

1843년 《라인 신문》 편집장을 그만 두다. 예니 폰 베스트팔렌(예
니 마르크스)과 결혼하다.

1844년 첫째 딸 예니가 태어나다.

1845년 파리에서 추방되어 브뤼셀로 이주하다. 엥겔스와의 첫
번째 공동 저작 『신성가족』 출판되다. 둘째 딸 라우라 태
어나다.

1847년 맏아들 에드가 태어나다. 엥겔스와 '의인동맹'에 가입하
다. 공산주의자동맹 1차 회의에 참석하다. 『철학의 빈곤』

을 프랑스어로 출판하다. 엥겔스와 더불어 독일노동자협회를 창설하다.

1848년 프랑스 2월 혁명이 발생하다. 『공산당 선언』이 런던에서 출판되다. 《신라인 신문》의 편집장이 되어 창간호를 발행하다.

1849년 프로이센에서 추방되다. 《신라인 신문》의 폐간호가 발간되다. 막내아들 귀도 태어나다.

1850년 『1848년부터 1850년까지 프랑스에서의 계급투쟁』이 출간되다. 정치경제학 및 그 역사에 대한 체계적인 연구를 시작하다. 막내아들 귀도가 죽다.

1851년 셋째 딸 프란치스카가 태어나다. 엥겔스와 더불어 《뉴욕 데일리 트리뷴》에 기고를 시작해 1862년까지 계속되다. 프랑스에서 루이 나폴레옹 보나파르트의 쿠데타가 발생하다.

1852년 셋째 딸 프란치스카가 사망하다. 「루이 보나파르트의 브뤼메르 18일」이 뉴욕에서 《혁명》지에 실리다.

1853년 「쾰른 공산주의자 재판의 폭로」가 브뤼셀에서 출판되다.

1855년 막내 딸 엘레노어가 태어나다. 맏아들 에드가가 사망하다.

1859년 『정치경제학 비판』 제1권이 베를린에서 출판되다.

1860년 「포크트 씨」가 런던에서 출판되다.

1864년 제1인터내셔널(국제노동자협회)의 창립 총회에서 임시위원회 위원으로 선출되다. 마르크스가 작성한 제1인터내셔널의 「창립선언문」과 「임시 규약」이 런던에서 출판되다.

1867년 『자본론』 제1권이 함부르크에서 출판되다.

1868년   둘째 딸 라우라가 폴 라파르크와 결혼하다.

1869년   아이제나하에서 독일사회민주주의노동자당의 창립 총
         회가 개최되다.

1870년   마르크스가 집필한 「독일-프랑스 전쟁에 관한 총평의회
         의 두 번째 담화문」이 인터내셔널 총평의회에서 통과되다.

1871년   파리 코뮌이 선포되다. 마르크스가 작성한 『프랑스 내
         전』이 인터내셔널에서 만장일치로 통과되다.

1872년   『자본론』 제1권 러시아어 번역판이 나오다. 첫째 딸 예니
         가 샤를 롱게와 결혼하다.

1877년   아내 예니와 막내 딸 엘레노어와 함께 온천지 노에나르
         와 슈바르츠발트에서 요양하다.

1881년   아내 예니가 런던에서 세상을 떠나다.

1883년   첫째 딸 예니가 파리 근교에서 세상을 떠나다. 카를 마르
         크스, 런던에서 숨을 거두다. 런던에 있는 하이게이트 묘
         지에 안장되다.

참고 문헌

• Marx, K & Engels, F., *Werke. Das Kapital* Ⅰ, *MEW. 23*, *Das Kapital* Ⅱ, *MEW. 24*, *Das Kapital* Ⅲ, *MEW. 25*, Dietz, Berlin.

카를 마르크스, 『자본론 Ⅰ』(상·하권), 『자본론Ⅱ』, 『자본론Ⅲ』(상·하권), 김수행 옮김, 비봉출판사, 2015.

• 게오르크 빌헬름 헤겔, 『정신현상학』, 임석진 옮김, 한길사, 2014.

김수행 편저, 『청년을 위한 경제학 강의』, 한겨레신문사, 1998.

김수행, 『자본론의 현대적 해석』, 서울대학교출판문화원, 2011.

데이비드 맥렐런, 『마르크스주의 논쟁사』, 안택원 옮김, 인간사랑, 1994.

마이클 리보위츠, 『자본론을 넘어서: 맑스의 노동자 계급의 정치경제학』, 홍기빈 옮김, 백의, 1999.

박영욱, 『마르크스가 들려주는 자본론 이야기』, 자음과모음, 2008.

애덤 스미스, 『국부론』 상·하권, 김수행 옮김, 비봉출판사, 2007.

이진경, 『자본을 넘어선 자본』, 그린비, 2004.

카를 마르크스, 『독일 이데올로기』, 김대웅 옮김, 두레, 1989.

카를 마르크스, 『피케티가 되살린 마르크스 자본론』, 강윤철 편역, 스타북스, 2018.

카를 마르크스, 『헤겔 법철학 비판』, 홍영두 옮김, 아침, 1989.

하워드 진, 『마르크스 뉴욕에 가다』, 윤길순 옮김, 당대, 2005.

EBS 오늘 읽는 클래식
마르크스의 자본론

1판 1쇄 발행 2022년 6월 30일
1판 2쇄 발행 2023년 8월 30일

지은이 이재유

펴낸이 김유열
편성센터장 김광호 | **지식콘텐츠부장** 오정호
지식콘텐츠부·기획 장효순, 최재진, 서정희 | **마케팅** 최은영 | **제작** 정봉식
북매니저 윤정아, 이민애, 정지현, 경영선

책임편집 표선아 | **디자인** 정계수 | **일러스트** 최광렬 | **인쇄** 애드그린인쇄

펴낸곳 한국교육방송공사(EBS)
출판신고 2001년 1월 8일 제2017-000193호
주소 경기도 고양시 일산동구 한류월드로 281
대표전화 1588-1580 | **홈페이지** www.ebs.co.kr
이메일 ebs_books@ebs.co.kr

ISBN 978-89-547-9980-5 04100
      978-89-547-6188-8 (세트)